河南博物院镇院之宝

河南博物院　主编

武则天金简

田凯　黄林纳　杜安　编著

中原出版传媒集团
中原传媒股份公司

大象出版社
·郑州·

图书在版编目（CIP）数据

武则天金简 / 田凯，黄林纳，杜安编著 . — 郑州：大象出版社，2017.10（2018.3 重印）
（河南博物院镇院之宝）
ISBN 978-7-5347-8899-4

Ⅰ . ①武… Ⅱ . ①田… ②黄… ③杜… Ⅲ . ①简（考古）—介绍—河南—唐代 Ⅳ . ① K877.5

中国版本图书馆 CIP 数据核字（2017）第 243905 号

武则天金简
WU ZETIAN JINJIAN
田凯 黄林纳 杜安 编著

出 版 人 王刘纯
责任编辑 吴韶明
责任校对 张迎娟
装帧设计 张 帆

出版发行 大象出版社（郑州市开元路 16 号 邮政编码 450044）
发行科 0371—63863551 总编室 0371—63867936
网 址 www.daxiang.cn
印 刷 郑州新海岸电脑彩色制印有限公司
经 销 各地新华书店经销
开 本 889mm × 1194mm 1/32
印 张 4.5
版 次 2017 年 10 月第 1 版 2018 年 3 月第 2 次印刷
定 价 55.00 元

若发现印、装质量问题，影响阅读，请与承印厂联系调换。
印厂地址 郑州市英才街 6 号
邮政编码 450002 电话 0371—67358093

编辑委员会

扫二维码，欣赏《武则天金简》视频

总　序

凡博物馆皆有自己引以为豪的藏品中的精华，如罗浮宫之《蒙娜丽莎》、荷兰国家历史博物馆之《夜巡》、中国国家博物馆之司母戊鼎、故宫博物院之《清明上河图》等等，许多博物馆将此类藏品称为“镇馆之宝”，重要的博物馆“镇馆之宝”常常有若干件，当然有些甚至堪为“镇国之宝”。

河南是中华文明的重要发源地，历史悠久，文化积淀厚重，近代以来中国的重要考古发现多在此地，中国考古史便是从这里起步，百年来发现的遗迹遗物极大地丰富了历史文化的研究，填补了历史的空白。河南博物院是中原

最大的文物典藏展示机构，河南出土的重要文物理所当然地保存在这里。

2007年12月，时值河南博物院建院80周年，河南博物院镇院之宝甄选活动尘埃落定。众多专家学者经过反复论证，从河南博物院藏品中推选出九件最能代表中原历史文化的典藏品，作为“镇院之宝”。所谓镇院之宝，无疑是收藏中的佼佼者。首先是典型性，能代表文物所处历史阶段的文化科技发展最高水平；其二是重要性，具有重要的历史文化价值，填补历史研究的空白；其三是震撼性，文物具有强烈的时代感，其艺术性让人震撼；其四是唯一性，目前没有相同文物，或该文物是同类中最好的。

在我们遴选的过程中，发现能入此类标准的河南博物院藏品何止九件，最后为了坚持“九为大数不满”的初衷，经过反复讨论甄别，兼顾时代的普遍性，选取了贾湖

骨笛、杜岭方鼎、妇好鸮尊、玉柄铁剑、莲鹤方壶、云纹铜禁、四神云气图壁画、武则天金简和汝窑天蓝釉刻花鹅颈瓶为九大镇院之宝。

贾湖骨笛不啻为音乐的奇迹，其重要性还在于促使我们重新评估裴李岗人的思维高度、情感表达的丰富性和表现力。贾湖骨笛在中原出现虽是孤例，但并非偶然。中原由于所处地理位置，进入新石器时代以后，在会通南北、连接东西上占得先机。贾湖遗址以稻作农业为主，是当时产稻的最北区域，但是其文化面貌却是裴李岗文化系统，其遗址中出现了猪与狗的驯养，这一遗址无疑是同时代文化中最为先进的。离贾湖不远的许昌灵井，距今8万年前已经出现了专业的制骨遗存，贾湖出现高质量的骨笛也就不足为奇。

九大镇院之宝中，先秦时期的青铜器占据五件，这

与中原在这一中国文化轴心时代中主导作用的建立不无关系。

相传禹铸九鼎，三代奉为传国之征。鼎作为炊煮的食器，演变为王权的象征，体现了华夏文明的民本意识，而中原既是鼎的发源地，更是鼎文化最具代表性的地区。虽然二里头发现了迄今最早的铜鼎，但是其体量和造型还不能与国之重器勾连。郑州商城杜岭街出土的窖藏铜鼎，通高87厘米，饰有饕餮纹和乳钉纹，具有王权的威势，是迄今发现的商代早期较大的铜鼎之一，也是最早的能象征国家的铜鼎。据此证明了郑州商城的王都性质。

商代后期以安阳殷墟为国之核心。这里发现的最重要的墓葬当属妇好墓。出土的468件青铜器中，鸮尊是最具代表性的铜器之一，这是目前中国发现的最早的鸟形铜尊。其鸮形的巧妙构思和周身繁缛的龙、蛇等各种动物纹

饰，不仅体现了妇好主持祭祀、带兵征伐的特殊身份，其艺术性也堪称经典。

中国广泛使用铁器要到西汉，然而在此之前有一个从出现到推广的发展过程。三门峡虢国墓地2001号虢季墓中出土的玉柄铁剑，经鉴定剑身为块炼钢锻打而成，这一发现将中国人工冶铁的历史提前到了公元前8世纪。

技术的先进是文明核心地位确立的重要条件，技术的不断发展又为社会的进步提供了前提，莲鹤方壶无疑是先秦社会发展的标志性器物，是技术、艺术与社会变革的集大成者。这件郑国人铸造的器物汇合了南北风韵、新旧特征，是春秋时期郑国特殊的历史文化地位的真实写照，更是百家争鸣、社会变革的艺术表达。

在中国冶铸史上具有划时代意义的器物还有云纹铜禁。这件器物出土于河南淅川下寺春秋楚墓，其墓主为楚

国令尹子庚。铜禁通体由多层透空的云纹构成，十二条怪兽攀附四周，其精密的铸造工艺为我们提供了失蜡法铸造的最早标本。

五件先秦时期的青铜器各具代表，各领风骚，构成了中国青铜时代历史文化叙事链条的重要节点。

汉以降，中国历史文化转入了新天地。凝重神秘的青铜时代被人本思想和崇尚现实的享乐主义所代替，狰狞的鬼神世界，代以奇异的神仙来世。崇儒的同时，并行着道教的升仙意识。特别是在汉代的墓葬中充满了对来世享乐的憧憬，对来世仙界的描绘。出土于河南省商丘市永城芒砀山柿园西汉梁王墓的四神云气图壁画，绘有青龙、白虎、朱雀、怪兽等四种神禽异兽和灵芝、花朵、云气纹及穿璧纹等，充满了升仙气息。这件壁画尺寸宏大，为汉代壁画中所罕见，它是我国现存时代最早、规格等级

最高、保存最完整的墓室壁画。

儒、佛、道在中国社会并行了一千多年，唐代以后三教逐渐合流。武则天一生充满了智慧，也充满了矛盾。在她的身上包含了多重宗教的信仰，她营造了龙门卢舍那佛窟，在偃师立了“升仙太子碑”。但是由于其墓葬还未发掘，与其有关的可移动遗物一直未能发现。1982年在登封嵩山峻极峰发现的武则天金简成为女皇唯一的直接可持有的宗教用物。这件物品是武则天祭拜嵩山的物证，也是武则天道教思想的体现，更是迄今发现的唯一的皇帝投龙金简，其历史与宗教文化价值无可代替。

历史上各个时代的造物总是恰如其分地附带上当时的文化与习俗烙印，而这种文化烙印尤其强烈的，莫过于宋代的瓷器。宋代对瓷器釉色的追求来源于宋人理学风气的弥漫。“雨过天青云破处”是对汝瓷独特的审美追求。

由于历史的原因，传世的汝官瓷屈指可数，弥足珍贵，20世纪80年代在宝丰清凉寺发现的窑址，被认定为汝官窑遗址，但是遗址内出土皆为瓷片，在其附近窖藏发现的少量汝瓷，成为考古出土的仅见的汝官瓷。其中的天蓝釉刻花鹅颈瓶完整性和工艺造像堪为第一，重要价值不言而喻，更重要的是以汝瓷为代表的瓷器的变革，不仅是技术的变革，还将中国文化与审美带到了更高的境界。

展览是历史文化信息的有机整合与展现，九大镇院之宝由于文物保护原因和其他原因有时不能同时完整陈列于展厅。即便是在展厅陈列，由于陈列本身的局限，也不能将全部或更多的信息在展厅中提供给大家。为了让大家更多地了解九大镇院之宝背后的历史文化信息，我们编写了这套丛书。对每件藏品的解读基于学术界最新研究成果，撰写方面力求科学严谨求真。我们希望通过本套丛书引导

公众对藏品有更细致的观察了解，实现藏品信息与公众的分享与对话。但是由于研究阶段性的局限，由于研究深度的局限，由于研究资料的不全面等因素，我们的解读还有许多未尽之处，我们会继续不停地研究下去，将更多的研究成果及时提供给公众。也希望更多的学者加入到对文物、对九大镇院之宝的研究中，不断丰富和深化我们对历史文化的认识。

九大镇院之宝是古人智慧与思想的凝结，是文化制高点的物质的表征，每件文物都有独特的重要价值。这九件文物只是代表，而非全部，如果你来到河南博物院，将会看到更多的典藏瑰宝，比如彩陶双连壶、王孙诰编钟、金缕玉衣、汉代三进陶院落、杨国忠银铤等等，但在甄选镇院之宝时我们不得不割爱。我们希望大家在关注九大镇院之宝的同时，关注九件文物背后连带的关于中华文明、关

于中原文化一脉相承延续发展的历史，关注中华文明强大的凝聚力、创造力、生命力，关注九件文物代表的更多的河南博物院的精美典藏，中原大地上的数不尽的丰富遗存。

河南博物院院长 田凯

2017年3月

目　录

一、发现

1982年5月21日，河南省登封县唐庄公社王河大队王峪沟（今登封市唐庄乡王河村第四村民组）农民屈西怀等人，在中岳嵩山的主峰峻极峰植树造林。下午7时许收工时分，他们来到了“大周升中述志碑”遗址北面约七八米处的高崖边“放雷石”玩。所谓“放雷石”，就是把山顶的大石头一块一块滚下山坡，以听取石头与山体碰撞后发出的轰鸣声为乐。屈西怀在用镢头撬石头时，先是在一块大石头下发现一枚沾满泥土的铜钱，随后又发现一片长方形的东西。屈西怀用小棍捅了几下，一个明晃晃的东西就露出来了。屈西怀以为是一张“果子纸”（当时用来包裹

点心的“金纸”），于是顺手把它抽了出来。蹭掉上面的土锈后，这片长方形的硬硬的东西在夕阳下金光闪闪，于是大家都认为它可能是一块“铜片”。

屈西怀当时怎么也没想到自己捡到的竟然是一枚金简，更无法把它和声名赫赫的武则天联系在一起。回到家后，亲戚们聚在一起研究他带回的“铜片”，觉得它很可能是用金子做的，再看它上面还刻着一些不认识的字，肯定是件稀罕的宝贝。随后屈西怀在山里捡到宝贝的消息不胫而走，山东的文物贩子也远道而来，要出高价买走。但屈西怀不为所动，而是决定将文物上交给国家。他说：“它再值钱我也不会卖，一定要把它保护好，一定要把它献给国家！因为人想要致富，劳动可创造，文物失一件，重金难买到啊！”

7月10日，登封县有关负责人赶到王河大队，经过协商，屈西怀当场把文物献给了国家。屈西怀的这一积极举动，成了登封文化史上的一件大事，县里为他颁发了光荣匾和奖金，同时为了表彰他，还号召全县人民树立起“捐献文物有功，保护文物光荣”的良好社会风尚。

为了保护文物，登封县人民政府鉴于县文管所保管条件尚不完备，将文物直接存入县人民银行金库。同时为了充分地宣传、利用好它，县文管所还复制了两件，分别入库和陈放在设立于中岳庙的中岳嵩山文物陈列馆内。1985年9月，河南省文物局与登封县文化局、文管所协商，经县人民政府同意，将其调拨到河南省博物馆（今河南博物院），同时河南省博物馆也为登封县文管所复制一件，现存嵩阳书院[1]。1992年10月，这件文物由国家文物局文物

鉴定委员会鉴定为国家一级文物。它最初被命名为“武则天除罪金简”，后改名为“武则天金简”（**图一、图二**）。2007年，在河南博物院建院80周年之际，通过观众和专家评审，武则天金简被一致认定为河南博物院九大镇院之宝之一。

武则天金简呈片状，长方形，长36.2厘米，宽8厘米，厚约0.1厘米，重223.5克。金简整体素面无纹饰，正面镌刻双钩楷书铭文，自右至左竖3行共63字，每字约1厘米见方，文曰：“上言：大周国主武曌好乐真道长生神仙，谨诣中/岳嵩高山门，投金简一通，乞三官九府除武曌罪名/。太岁庚子七月甲申朔七日甲寅，小使臣胡超稽首再拜谨奏。”（**图三**）此物一经问世，即在社会上引起了轰动。

武则天是中国封建王朝唯一的女皇帝，也是中国历史上影响最大、争议最大的人物之一，历代史学家、文学家、政治家等都对她非常感兴趣。她相貌美丽，又雄才大略；她崇尚佛教，又迷恋道教；她执政期间任用酷吏杀害了许多忠贞之士和无辜之人，但在此期间，国家富裕、强盛，承“贞观之治”之富足，接“开元盛世”之繁华；她生前费尽心机坐上皇帝宝座，死后却又废除帝号，以一个妻子的身份随葬在高宗身旁……她身上的一个个矛盾和谜团让人难以捉摸，一千三百年来，她是历史也是传奇，后人对她的一生众说纷纭、莫衷一是。而作为迄今发现的唯一一件与武则天本人直接相关的可移动的历史遗物，武则天金简历经岁月长河的涤荡遗留到现在，使我们在时隔千年后，穿越时空，触摸到武则天内心世界的一个角落，感

上言大周圀主武曌好樂真道長生神仙謹詣中
岳嵩高山門投金簡一通乞三官九府除武曌罪名
太歲庚子七月甲申朔七日甲寅小使臣胡超稽首再拜謹奏

唐代久视元年（700 年）

长 36.2 厘米，宽 8 厘米，厚约 0.1 厘米，重 223.5 克

1982 年 5 月河南省登封嵩山峻极峰北侧石缝中发现

图一　武则天金简

河南博物院藏

图二　武则天金简背面

图三　武则天金简文字摹写图（吴郑杞绘）

受到一代女皇的气息和风采，所以此件文物所包含的历史价值和意义不可低估，它对于研究唐代历史、武则天的政治思想、武则天时期的书法、古代投简制度、古代封禅制度等都有着重要的价值。

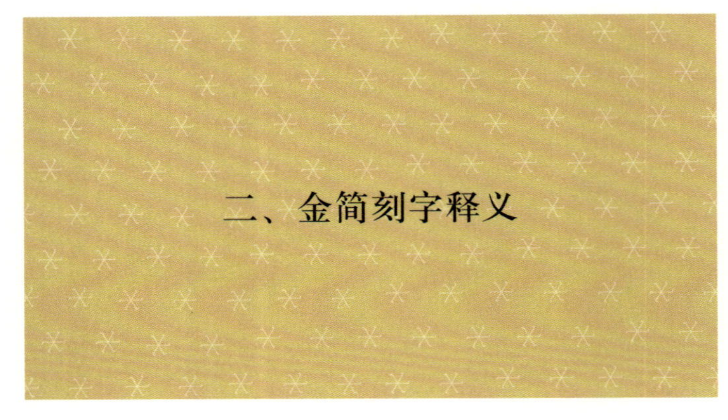

二、金简刻字释义

金简刻字的意思应是："上言：大周国皇帝武曌信奉道教，羡慕长生，在久视元年（700年）七月七日这天，来到嵩高山门，投掷金简一枚，乞求三官九府能够对武曌除罪消灾。小使臣胡超稽首再拜谨奏。"

（一）"上言"

金简开头即为"上言"二字（**图四**）。"上言"为何意？给谁"上言"？"小使臣胡超"又是向谁"谨奏"？从金简刻字和相关文献资料分析，金简刻字的叙事形式应该是胡超以上界使臣的名义给上天帝王的一个奏章，即上章。

在古人的道教思想中，认为上天有一个像下界皇帝一样的帝王，是天上的最高统治者，并拥有一个类似下界的朝廷，总管着天上人间。这最早可以追溯到远古时代原始的天帝崇拜。早在发现文字记载的商代，从甲骨文来看，代表天神的“帝”字和“上帝”的称号都已出现。殷商卜辞中的“帝”权力很大，他可以“令风”“令雨”“令雷”“降祸”“降堇”，还可以“害我”“受我佑”“终兹邑”，是一个统辖天界的至上神。周人灭商后，继承了商的上帝信仰，称其为“昊天上帝”或“皇天上帝”“皇上帝”“皇帝”，并宣称周王是天帝之子。

图四　金简“上言”

这位天上的最高统治者，在不同的时期又有着不同的

具体称呼。从西汉末年的成帝、哀帝时开始，出现了将最高的神称为“天帝”的叫法。魏晋之后，民间出现了“玉皇大帝”的叫法。就像民间所说“天上有玉皇，地上有皇帝”，“玉皇大帝”此后就成为我国民间信仰的最高之神，成为中国封建皇权在神仙世界的象征。

最早将“玉皇”与“玉帝”列入道教神系的是南朝道士陶弘景的《真灵位业图》。他按照茅山宗的观点排列神仙体系，把道教的神仙分为七级，每级有一位中位之神，然后分别列左位、右位的辅佐之神。在陶弘景排列的座次中，“玉皇道君”排在玉清三元宫右位第十一位，“高上玉帝”排在玉清右位第十九位，在那个时期“玉皇”还只是道教主神原始天尊的下属，地位不是很高。

到了唐代，道教兴盛，道书中玉皇的地位已有所变

化，如唐李淳风《太玄金篆金锁流珠引序》云：“前圣太上道君称万道之主，号曰虚皇；后圣太上老君称万道之君，号曰玉皇。”唐史崇玄等编《一切道经音义妙门由起》，其《明天尊第二》引《天师请问经》云：“道为最尊，常在三清，出诸天上，以是义故，故号天尊。或号玉帝，或号高皇，随顺一切也。”又引《宝玄经》称天尊有十号：“一号自然，二号无极，三号大道，四号至真，五号太上，六号老君，七号高皇，八号天尊，九号玉帝，十号陛下。”从这些道书的叙述可见，这一时期的道门中人，逐渐让“玉皇”成为“原始天尊”“太上老君”的别号，作为最高的统治者。

从目前接触到的文献来看，唐代“玉帝”的叫法在民间十分普及，但是“上帝”“天帝”等古时的称呼依然存

在。此时“玉皇”“玉帝”不仅出现在唐人的笔记、小说中，更成为文人墨客大量咏颂的对象。《全唐诗》中“玉皇”出现过74次，“玉帝”出现过10次，如李白的“不向金阙游，思为玉皇客”“黄鹤上天诉玉帝，却放黄鹤江南归”，元稹的“我是玉皇香案吏，谪居犹得住蓬莱”，柳宗元的“忽如朝玉皇，天冕垂前旒”，韩愈的“玉皇颔首许归去，乘龙驾鹤来青冥”等。唐诗中为数不少的游仙诗，也往往涉及“玉皇”“玉帝”。例如白居易《梦仙》：“……须臾群仙来，相引朝玉京。安期羡门辈，列侍如公卿。仰谒玉皇帝，稽首前致诚。帝言汝仙才，努力勿自轻……”在诗人看来，玉皇是世上的最高神，得道成仙者都需向他朝拜，群仙犹如公卿，皆列班随侍左右。从这些文学资料看出，玉皇大帝信仰在当时已有相当广泛的

影响[2]。

但具体到武则天时代，人们是怎么称呼这位上天的最高统治者呢？就拿武则天来说，她撰写的《升仙太子碑并序》中，有“驾月乘云，驱百灵而朝上帝”，“岂能访金箓于元门，寻玉皇于碧落者乎”，“时将玉帝之游，乍洽琳宫之宴”，“况乎上宾天帝，摇山之风乐不归”，文中同时运用了“上帝”“玉皇”“玉帝”“天帝”四个不同的称呼，这有可能是武则天注重碑文的文学色彩而有意避免重复，但也说明了当时对于上天的最高统治者存在着以上不同的称呼。

而唐代官方对于上天最高统治者的称呼一直都是“昊天上帝”，这从唐代史书对官方祭祀和封禅的记载中可以得知，而且这种称呼一直沿用到北宋时期。如在唐显庆四

年（659年），许敬宗上书高宗议封禅仪，“请以高祖、太宗俱配昊天上帝，太穆、文德二皇后俱配皇地祇”（《资治通鉴》卷二〇〇）。武则天封禅，也是在嵩山峻极峰向“昊天上帝”进行祭祀和汇报其丰功伟绩的。

直到北宋的几位皇帝才正式将玉皇大帝请进官方祀典，奉上众神之主的宝座。特别是宋真宗和宋徽宗。大中祥符三年（1010年）闰二月，真宗召宰臣于宜圣殿，谒玉皇像。五年（1012年）十一月，宋真宗亲祀玉皇于朝元殿。七年（1014年）正月，“改奉元宫曰明道宫，奉安玉皇大帝像”。九月，正式封玉皇大帝尊号为“太上开天执符御历含真体道玉皇大天帝”。到政和六年（1116年），宋徽宗又封玉皇大帝尊号为“太上开天执符御历含真体道昊天玉皇上帝”，将对玉皇的崇拜与国家最高祀典昊天上

帝的崇拜合为一体，玉皇大帝在官方祀典中正式登上了万神之主的宝座。至此，国家、民间、道教三方面的信仰正式合流，从而使对玉皇的崇拜达到了最高潮。但是这种合流并未持续多久，在以后的年代里，除有个别帝王在宫中设立玉皇大帝的牌位外，国家最高祭祀对象仍然是昊天上帝[3]。

那么胡超汇报的对象是“上帝”“天帝”还是“玉帝”呢？在唐代，“玉帝”大多为民间叫法，而且从唐代早期的道教典籍中来看，依然多是运用“天帝”这一叫法。如唐初成书，聚集了早期天师道上章仪范的《赤松子章历》中说，遇事要向天帝上章，并列举了上章的具体格式，其格式和武则天金简的格式十分相似。开头为“上言”二字，结尾为“臣某稽首载拜”。可见，“上

言”和“臣某稽首载拜”两者相结合，属于一个固定的上章格式。

《赤松子章历》上记载：“凡欲奏章，先具辞疏，列乡贯、里号、官位、姓名、年几，并家口、见存眷属、男女大小等，令依道科，赍某法信于某处，诣某法师，请求章奏，伏乞慈悲，特为关启。辞中或说事意，须质而不文，拙而不工，朴而不华，真而不伪，直而不肆，辩而不烦，弱而不秽，清而不浊，简要输诚，则感天地，动鬼神，御上天曹，报应立至。”[4]即说明上章时需要写明官位、姓名等，请求道士代为上章。上章需要说明“事意”，行文要求“质而不文，拙而不工，朴而不华”等。以此对照武则天金简，可知其行文符合当时的上章要求。

《赤松子章历》上记载：凡道士代人向上天上章，

“若清心信向之士，崇尚道法，求乞章符，奏即罪灭福生，增添禄寿，先灵迁达，愿念从心。……旧章虽各具所用，大抵有三：天子、王公、庶人。且尊卑不同，品目各异，不可殽混而无分别”[5]。即说明如若信士真心崇尚道法，乞求上章，奏明天帝即“罪灭福生，增添禄寿”“愿念从心”，并且根据信众的地位不同将其分为天子、王公和庶人三种，人的地位尊卑不同，上章的方式内容也各不同。但具体怎样不同，书中并没有涉及。

《金锁流珠引》卷二六《为诸侯三品五品等大官上大元辰千车五墓却死来生令疾病除差平安如愿章法》云：“老君曰：小国诸侯（侯王也，即今太守官是也。侯有大小之位），有重灾厄疾，病顿在床枕者……如不损，即上书（古呼章为上天公书）。今改书为章，改天公为太平金

阙帝晨后圣玄元上道君，一又云玉皇上帝，不名为天公之号也。于上天公，乞面敕三官，更与添年益寿。”[6]此书虽疑为宋代道士所作，但书中也认为如有急病，可上书给天公，让其命令“三官”为上书者“添年益寿”。只是原来的“上章”变为“上书”，“天帝”也变为“天公”或“玉皇上帝”。

（二）“大周”

“大周”是武则天称帝后所用的国号（**图五**）。载初元年（690年）九月，武则天改唐为周，称“圣神皇帝”，改元天授，在神都洛阳立武氏七庙，降皇帝李旦为皇嗣，改唐太庙为武德庙，从此“大周”取代了“大唐”，历史上称为“武周革命”。那么武则天为什么选择

“周”为国号呢？后人总结大概有三个原因：一是为了显正统。《元和姓纂》上记载：“武氏出自姬姓。周平王少子生而有文在手曰‘武’，遂以为氏。”周平王是东周第一代天子，他的小儿子由于出生时掌纹天然形成一个“武”字，遂以武为名，其子孙以武为氏。武则天也一直以周氏后裔自居，而且唐显庆初年，高宗曾封其父武士彟为周国公。武则天以“周”为国号，显然有尊崇其大周帝国正统位置的意思。二是表示要效法古代盛业。周代以实行仁政顺应天意和民意推翻了残暴

图五　金简“大周国主”

的商王朝，在唐人看来，中国古代的太平盛世唯周、汉而已。武则天以“周”为国号，也是为了表明自己承周律治盛业的治国方略和政治抱负。三是希望其统治像周代那样长久。周代共延续约八百年，是中国历史上最长的朝代之一。而武则天以“周”为国号，表示希望自己建立的王朝能够像周代那样长久。但事实并不像武则天希望的那样，神龙元年（705年）武则天年事已高，整日和张昌宗、张易之兄弟厮混在一起。这年正月二十二日，张柬之等人发动政变，带兵直袭武则天居住的迎仙宫，使武则天不得不传位于太子李显。李显复位后，马上恢复了李氏的宗庙、社稷，仅仅十六年的大周王朝就这样宣告结束了。

（三）“武曌”

“武曌”是武则天的姓名（**图六**）。武则天祖籍并州文水（今山西文水县东），其父武士彟曾资助李渊起兵反隋，是唐代的开国功臣。武则天十四岁时，“太宗闻其美容止，召入宫，立为才人”。贞观二十三年（649年），唐太宗驾崩，武则天按照唐朝的规定入感业寺为尼。永徽二年（651年），与武则天早有情感瓜葛的唐高宗李治再次将武则天召入宫中，封为二品昭仪，永徽六年（655年）立为皇后。武则天“素多智计，兼涉文史”（《旧唐书·则天皇后本纪》），显庆五年（660年）高宗由于“苦风眩头重，目不能视，百司奏事，上

图六　金简“武曌”

或使皇后决之”（《资治通鉴》卷二〇〇），武则天受高宗委托开始处理朝政。麟德元年（664年），号天后，与高宗并称“二圣”，“垂帘于后，政无大小，皆与闻之。天下大权，悉归中宫，黜陟、杀生，决于其口，天子拱手而已”（《资治通鉴》卷二〇一）。麟德三年（666年）唐高宗李治封禅泰山，武则天随行充当亚献。永淳二年（683年）十二月高宗驾崩，李显即位，为唐中宗，尊武则天为皇太后。嗣圣元年（684年）武则天废李显为庐陵王，立第四子李旦为帝，称唐睿宗。垂拱四年（688年），武则天在洛阳毁乾元殿，建明堂，又在明堂北建五层高的天堂，加尊号“圣母神皇”。载初元年（690年）武则天改国号为周，改元天授，自立为皇，尊号为“圣神皇帝”，以东都洛阳为神都。唐睿宗李旦被废，但仍

加封为皇嗣，赐姓武氏。长寿元年（692年）收复安西四镇，次年武则天加尊号“金轮圣神皇帝”。天册万岁元年（695年）正月初二，武则天加尊号“慈氏越古金轮圣神皇帝”，改年号为“证圣”。神龙元年（705年）正月宰相张柬之、崔玄暐等大臣趁武则天卧病，率禁军五百余人冲入宫中，武则天被迫禅让帝位给李显，武周政权结束，李唐恢复，史称“神龙革命”。神龙元年十一月二十六日，武则天在上阳宫去世，享年八十二岁，按照遗诏将“则天大圣皇帝”的尊号去掉，改为“则天大圣皇后”。第二年五月，武则天与高宗合葬乾陵，陵前立无字碑。

“曌”是武则天为自己所造的字。“曌”字在文献中曾多次出现，但却始终不能得到考古资料的印证，大概是因为臣民避讳武则天的名字。但武则天金简的发现却完

全证实了文献的记载。从金简上可看出“曌”字的字形与其他文字明显有异，这可能是因为下属要避讳而不敢直接书写其名字，那么这个“曌”字很可能是皇宫中代写或武则天本人亲自书写。武则天给自己起名“曌”，有人认为她是想像日月当空那样泽被万物。也有人认为，她在感业寺出家时曾用法名“明空”，“曌”乃“明空”叠加而成，含有“明了法门，四大皆空”的意思。我们可以从永昌元年（689年）十一月武则天颁发的《改元载初赦文》中感知她的真实意图：“朕又闻之，人必有名者，所以吐情自纪，尊事天人。是故以甲以乙，成汤为子孙之制；有类有象，申繻明德义之由。朕今怀柔百神，对扬上帝，三灵眷佑，万国来庭，宜膺正名之典，式敷行政之方。朕宜以曌为名。”[7]在她发布此赦文的第二年，武则天即改唐为周，建

立了大周政权，正式称帝。可见，她为自己起名“曌”，首先是她认为作为一国之主需要有一个名字，其次这个名字的含义应是指像日月一样泽被大周国内的万物。

（四）“三官九府”

“三官九府”是道家用语（**图七**）。三官，指三官大帝，他们是早期道教尊奉的天神，即天官、地官和水官。“三官”信仰是由我国先民对天、地、水自然崇拜的原始宗教意识演变而来的。在道教创建之初，三官是五斗米道最早和主要供奉的神祇。如《三国志·魏书·张鲁传》引《典略》：“请祷之法，书病人姓名，说服罪之意。作三通，其一上之天，著山上，其一埋之地，其一沉之水，谓之三官手书。使病者家出米五斗以为常，故号曰五斗米

师。”对于“九府”，北周武帝宇文邕敕纂的《无上秘要》卷二二曾历数三官各宫宫名，然后说“右天官三宫，宫有三府”，“右地官三宫，宫有三府”，“右水官三宫，宫有三府”。三官之府相合，被称为“九府”。其后，随着道教的发展，大约到南北朝时期，将“三官”与“三元”相结合，并定有三元节，即正月十五为上元，七月十五为中元，十月十五为下元[8]。在早期“三官”多为连称，其主要职责和功能是考核善恶。其后随着发展，三官分开并各司其职，即“天官赐

图七　金简“三官九府”

福，地官赦罪，水官解厄”。

（五）“太岁庚子七月甲申朔七日甲寅”

金简最后纪年为“太岁庚子七月甲申朔七日甲寅”（图八、图九）。“太岁庚子”采用的是中国古代的太岁纪年法。中国古代常用纪年法有三种：一是年号纪年法，主要根据古代帝王继位的年号排列岁次。二是太岁纪年法，又称岁星纪年法。人们设想天上有一个岁星，每年运行一个岁次，将天空分成十二份称十二太岁，将其与十个岁阳名依次相配，组成六十个年名，六十年周而复始。这种纪年法始于周初，盛行于春秋战国，东汉时终结，为干支纪年法打下了基础。三是干支纪年法，今天农历纪年仍然使用这种纪年法。古代简牍纪年多用干支纪年法或年号

纪年法，太岁纪年法少见使用，而铭文中“太岁庚子”仍属太岁纪年，由公元推算干支表逆推，可知其为公元700年即武则天久视元年。除武则天金简外，唐玄宗投龙铜简也用太岁纪年，五代吴越国钱镠六十二岁时投的银简用太岁纪年，七十七岁时所投银简改为年号纪年与太岁纪年合用。这种合用的纪年法在济渎庙发现的宋神宗投龙玉简上也有体现。

图八　金简“太岁庚子”

“七月甲申朔七日甲寅”为久视元年七月七日，为什么单单要选择这一天投掷金简呢？我们可以发现，在道教的文化中，七月七日应该是一个非常特殊的日子——这

天应是下界与上天沟通的最好时机。如七月七日乞巧节，女性可以向天上的织女乞求智巧，后来演变到天上的织女可以和下界的牛郎相会。升仙太子晋，告知家人他将在这一天下界与家人相见。而为了神化北魏著名的天师寇谦之的出身，隐喻其为天神降世，他的生日也被后人附会到“建元乙丑岁七月七日”[9]。

同时，七月七日还是天师道的“三会日”之一。“三会日”是六朝天师道组织进行集会的专称，对于早期的天师道来说十分重要。

图九　金简“七月甲申朔七日甲寅”

北周武帝宇文邕敕纂的《无上秘要》卷四一《投简品》记载："太上常以正月一日、七月七日、九月九日，一年三遣玉晨元皇太极真人领仙玉郎，诣东华青宫，校定真仙簿录。其有金简玉名者，即奏三元，随学深浅，玉童玉女，防卫其身。"[10]即在七月七日"校定真仙簿录"，其中"有金简玉名者"要"奏三元"。

南朝刘宋陆修静撰《陆先生道门科略》云："天师立治置职，犹阳官郡县城府治理民物，奉道者皆编户著籍，各有所属。令以正月七日、七月七日、十月五日，一年三会。民各投集本治师，当改治录籍，落死上生，隐实口数，正定名簿，三宣五令，令民知法。其日天官地神咸会师治，对校文书。"[11]

唐代早期成书的《赤松子章历》卷二云："三会日：

正月五日上会，七月七日中会，十月五日下会。右此日宜上章言功，不避疾风暴雨，日月昏晦，天地禁闭。其日，天帝一切大圣俱下，同会治堂，分形布影，万里之外，响应齐同。此日上章，受度法箓，男女行德施功，消灾散祸，悉不禁制。”[12]

宋代贾善翔撰《犹龙传》卷五《度汉天师》引《旨要妙经》云：“又三会日：以正月七日名举迁赏会，七月七日名庆生中会，十月十五日名建功大会。此三会日，三官考核功过，受符箓、契令、经法者，宜依日斋戒，呈章赏会，以祈景福。”[13]

道书中的这些记载都显示了七月七日是天师道的“三会日”之一。在这三天，“天帝一切大圣”都来到人间，“天官地神咸会师治，对校文书”，“三官考核功

过”“正定名簿”，因此天师道民不管狂风暴雨，天昏地暗，皆“各投集本治”，在此三日上章，“受度法箓”，“男女行德施功”，可“消灾散祸”，“以祈景福”。

（六）“胡超”

目前学术界的研究大多认为，胡超应是一位道士，即史书中记载的道士胡超（**图一〇**）。据《资治通鉴》卷二〇六记载，圣历三年（700年）五月，“太后使洪州僧胡超合长生药，三年而成，所费巨万。太后服之，疾小瘳。癸丑，赦天下，改元久视”。《朝野佥载》卷五中也有相同的记载：“周圣历年中，洪州有胡超僧出家学道，隐白鹤山，微有法术，自云数百岁。则天使合长生药，所费巨万，三年乃成。自进药于三阳宫，则天服

之，以为神妙，望与彭祖同寿，改元为久视元年。”这些文献中记载的胡超与金简上的胡超同名。武则天服用道士胡超的药后，身上疾病被治好了，并因此大赦天下和更改年号。《旧唐书》的记载也证实了此次事件：圣历三年“五月癸丑，上以所疾康复，大赦天下，改元为久视”。可以想象，武则天一定非常宠信这位为她治好病的道士胡超，那么派他来投掷金简也完全是有可能的。

图一〇　金简“小使臣胡超”

目前有越来越多的资料被发现，使得我们对于胡超有了进一步的了解。胡超又称胡惠超，被时人尊为天师。据《修真十书玉隆集》卷三六记载，胡天师“名惠超，字拔俗，不知何许人也”，“唐高宗上元间来自庐山，栖于豫章西山之洪井”，即修行在今江西境内。其“类四十许岁人，身不甚长，然每处稠人中，其首独出其上，虽至长者止及其肩，故时称胡长仙人。问其年几何，曰五十二岁，逾数十载问之，亦复云然”。他法力高强，造福当地百姓。武则天闻其名，委之以炼丹之事，“天师乃于洪崖先生古坛际炼丹，首尾三年。降诏趣召诣阙，至则馆于禁中。天师辞归，固留不许。天师一朝遁去，上闻叹恨久之”。他走后，武则天“遣使责赠甚厚”并赠诗一首：“高人叶高志，山服往山家。迢迢闻风月，去去隔烟

霞。碧岫窥玄洞，玉灶炼丹砂。今日星津上，延首望灵槎。”[14]此诗可与《全唐诗》中武则天诗作相印证，可见其在大周朝荣宠一时。

另《净明忠考全书》卷一曰：“尝遇日月二君，授以净明灵宝忠孝之道，神妙无方，人莫能测。”“凡参学净明弟子，皆尊之曰法师君。”可知胡超应是唐代道教一个新兴教派——净明派的祖师[15]。

根据典籍记载的事迹来看，基本可以判定道家典籍中的胡惠超和史书中的胡超，以及投掷武则天金简的胡超应是同一人。那么到底哪个名字更为准确呢？通过现有的资料分析，关于胡惠超的记载最早应出现于唐末五代杜光庭所撰《仙传拾遗》，其后《修真十书玉隆集》等道家典籍关于胡惠超的内容均出自或参考了杜光庭的《仙

传拾遗》。

而最早记载胡超事迹的是唐代张鷟的《朝野佥载》。张鷟在高宗朝为进士，武则天时期曾为御史，他和胡超出现的时代基本相同。司马光的《资治通鉴》中关于唐代的一些内容也取材于《朝野佥载》。另，时代稍晚的颜真卿所写碑文《抚州临川县井山华姑仙坛碑铭》上也记载“长寿二年，岁在壬辰，冬十月壬申朔，访于洪州西山胡天师。天师名超，能役使鬼神”[16]，即明确记载为胡超。加之武则天金简作为佐证，因此，胡超之名更为确切。

（七）“小使臣”

使臣，在古代指奉皇帝命令出使国外的官员。“小使臣”在此可以理解为天帝派往下界执行任务的使者。在

早期的特别是东汉后期出土的道教文物中，经常看到上面写有文字“天帝使者”“天帝神师”，如“天帝使者”印章，河南、陕西则多见于墓葬解注器和买地券上。道士自称受天帝委派，为人行道作法。他们以人代神，神凭依于人，既为人，又为神，具有双重身份[17]。道士以天帝诸神与人交通之中介身份出现，代人给天帝上章祷请，代天帝向诸神移文传达旨意。1957年，在江苏高邮邵家沟东汉遗址出土篆书“天帝使者”封泥一枚。这应是道教用来密封章文的，可证“天帝使者”为道士自封之称号。

道教文献中也经常出现“天帝使者”称呼，如刘宋陆静修撰、杜光庭增补的《太上洞玄灵宝素灵真符》卷下说：“天帝使者捕疟鬼，得便辄杀，勿问罪，急急如律令！”[18]《太上正一盟威箓》卷三载：“上皇诸君符，朱

书桃刺，一尺六寸，刺头当中封‘天帝使者’印……自带符箓，百鬼即自知之。”“召万物神符，丹书桃刺，长一尺六寸，封以‘天帝使者’印，约以左索，召鬼，其神立至。佩带符，百鬼皆畏。”[19]指的都是道士为人治鬼疗病，仍用“天帝使者”的名称。

具体到唐代，道教中所指的“使者”有两种意思。一种是生活在天上的神仙被天帝派遣到下界，作为天帝的使者执行一些临时任务。如武则天所写升仙太子碑碑文中，说她等待上天派使者赐予其长生不老之药，“方伫乘龙使者，为降还龄之符；驾羽仙人，曲垂驻寿之药”。

另一种指的仍是道士，“道士是天帝派来的使者”的思想依然存在。如唐王维《送方尊师归嵩山诗》：“仙官欲往九龙潭，旄节朱幡倚石龛。”旄节，是古代使臣所持

的符节。在古代，帝王如要派出使臣，要给予使臣带旄之节，以象征其身份，故谓之“使持节”或“使节”。《汉书·苏武传》记载，苏武持节出使匈奴，匈奴因之使牧羊，苏武“杖汉节牧羊，卧起操持，节旄尽落”。从王维诗中可见，唐代的道士手持旄节，依然被当作上天派下来的使节。

而对于道士上奏章称“臣”之事，在东汉时期已经出现。道士向天帝上章或者上书，多自称“臣某某”。河南陕县（今三门峡市陕州区）刘家渠东汉墓出土的解注瓶上，即写有“天帝神师臣……”之语[20]。

北魏时期，道士寇谦之得到太武帝拓跋焘的赏识，对天师道进行了根本性的改革，创立了新天师道。他认为道士“于君不可不忠”，“不得叛逆君主，谋害国家”。

他吸收了中国传统的儒家礼制，使之与道教相结合，并且改革道教的斋醮科仪制度，使道教从民间散乱的礼拜，走向固定的丛林（宫观）礼拜。寇谦之的改革使得道教摆脱了原始宗教粗陋浅薄的面貌，从民间进入殿堂，完成了道教由民间宗教向官方宗教的质变。寇谦之还禁止道士使用“真人”名号，而代之以“臣”的称谓。因此，我们看到此后的很多道教典籍中，道士上章时都自称“臣”。

由此可知，胡超自称为“小使臣”并不是没有依据的。他是以“小使臣”的名义，作为沟通人神的一个使者向上天的最高统治者传达大周国国主武曌的意愿。

（八）“嵩高山门”

金简上明确说明投掷金简的地点为“嵩高山门”（图

一一）。“嵩高山”即为嵩山，“门”指的是哪里？古人认为，下界与天界之间有一个通道就是“天门”，只有通过“天门”，天界和人间才可交通。《乐府诗集》卷一收有汉郊祀歌《天门》，描写的就是古人想象天门打开后，众神仙来享人间祭祀，以及当时的人期望能通过天门上天遨游，并得到长生：“天门开，詄荡荡，穆并骋，以临飨……”“天门”在这里成为下界沟通上天的一个重要通道。道家认为，道士向天帝上章，

图一一　金简“嵩高山门”

也需要通过“天门”才能到达天帝那里。《赤松子章历》记载：“赤松子问天老平长：己丑上章，何不报？平长答云：见扶章赍到天门，门闭。”“天老问三皇曰：何以用戊戌作符？三皇对曰：戌者，天门也；戊者，土中官君像也。天帝常以戊戌日从天门来游，观见此日作符，欢悦，赏赐所愿。”[21]道士向天帝上章时，要选择“天门”开的时候，才能传达到天帝那里。当“天门”关闭时，上章就会“不报”，不能到达给天帝。

金简的发现地点在“大周升中述志碑”遗址北面七八米处，也有说在峻极峰顶原登封坛西南一米处（**图一二**）。由这两种说法都可以推断金简的发现地点应在武则天封禅的登封坛附近。登封坛是当时武则天在其下埋玉册，向“昊天上帝”报告功绩，沟通天地人神的一个重要

图一二　嵩山峻极峰

地点。李峤在“大周降禅碑”碑文中描述武则天在登封坛祭天时，“排列缺而狃天门”，并在这里“交大灵于咫尺，受洪厘于亿万”，也认为当时它是能够上“天门”，沟通上天神灵之地。如果把金简上的“门”理解为“天门”，就不难解释为什么胡超要选择在峻极峰登封坛附近投简了。从某种意义上说，登封坛可能就是被当时人认为能够沟通天地的“天门”之地。

三、武则天金简的成分检测分析及制作工艺分析

（一）武则天金简成分检测分析

2008年，河南博物院对武则天金简的成分及制作工艺进行了检测和分析。该器完整，根据取样原则，我们确定使用便携式XRF对其进行无损分析。在表面采用多点分布、多分析数据平均值计算的方法，测定该器成分分布及各元素平均含量。

测量条件为：

测量系统	SEA200 ID_6025
分析档案	武则天金简
X射线产生元素	Rh
测量日期	2008-8-8 10：11

（续表）

测量时间（秒）	60
备用时间（秒）	41
Collimator	5mm
X 光管电压（kV）	50
X 光管电流（μA）	58
滤波器	Al 1000
塑料薄膜	OFF
周边环境	充气

分析结果为：

测试位置	Au（WT%）	Ag（WT%）	其他（%）	图像
1 号	90. 01	9. 99	0	有
2 号	89. 64	10. 36	0	有
3 号	90. 05	9. 95	0	有
4 号	89. 65	10. 35	0	有
5 号	88. 28	10. 24	Fe 1. 48	有
6 号	89.96	10.04	0	有
7-1 号	90.59	9.41	0	有
7 号	99.67		Cu 0.33	有
8 号	90.16	9.84	0	有
9 号	89.68	9.58	Fe 0.75	有

（1）该器不同表征多点测量结果表明，该器物所含主要元素为金（Au）、银（Ag）。

（2）该器分析数据表明，大部分测量位置合金分布均匀，排除干扰后，含量为金（Au）90%、银（Ag）10%。

（3）干扰元素来源需进一步确定。

同时代的其他金制品，目前公开发表的资料如下：

陕西西安何家村窖藏出土了30枚金质的开元通宝，陕西历史博物馆选择其中5枚，使用扫描电子显微镜对其成分及表面结构作了测试分析，发现每枚的含金量是不同的。其金、银含量分别为：Au 81.6%，Ag 15.34%；Au 94.36%，Ag 1.81%；Au 91.44%，Ag 4.90%；Au 88.12%，Ag 5.99%；Au 90.64%，Ag 6.54%。其余成分是铜、铁等的

混合物[22]。

陕西省考古研究院杨军昌等对法门寺地宫出土的唐代纺织品上的金线进行了检测分析，“能谱分析表明，制作金线所用的‘金’并非纯金，实际上是金银合金。所含金银比例并不稳定，金的含量为70%—94%，银的含量为6%—30%。分析的样品中，银含量小于或等于10%的占36.8%，银含量在10%至20%的占57.9%，银含量大于或等于20%的仅占5.3%”[23]。

青海省博物馆吴海涛等对青海都兰吐蕃唐墓出土的饰金器物进行了测试分析，发现饰金层为金银合金，其中一个位置的金、银重量比为77.02：22.98，另一个位置为77.69：22.31[24]。

由此可见，不仅武则天金简是金银合金，唐代其他金

器如何家村、法门寺和其他地方出土的金器均大多为金银合金。“在自然界中无论是沙金矿还是脉金矿，通常都含有一定的Ag（5%—45%）、少量的Cu（0.1%—5%）及其他杂质。但由于黄金比较稀少，而白银储量相对丰富，加之银的延展性和其与金的互溶性较好，古代人们有时在金中加银，以降低金的用量。”[25]同时，金银合金中的金、银等元素比不同也会导致合金呈现不同颜色，其颜色随银含量的减少而加深，古代有“七青，八黄，九紫，十赤”之说。因此，武则天金简中较为精准的金银比例控制，从一个侧面反映出唐代金银加工技术的纯熟，以及皇家对金器色泽的要求。

（二）制作工艺分析

根据观察分析研究，武则天金简主要采用了古代金属加工技术中的锤揲、錾刻和研光技术，这三种加工技术是唐代大多数金银器的基础加工技术。

武则天金简的表面显微观察与分析结果表明：金简厚度基本一致，但略有差异（**图一三**）；表面平整、致密；局部表面含金量有差异，且有少量腐蚀产物斜向内延伸；四周边缘均有剪切痕迹（**图一四**）。因此，武则天金简应为加热经验锤揲工艺加工成型。

锤揲工艺又称“打制”“打作”，既可以冷锻，也可以经过热处理。其方法是将自然或冶炼出的金银块状材料锤打成各种形状，再进一步加工使用。与铸造技术不同，锤揲工艺可以直接成器，也可以直接加工出花纹。唐代金

图一三　武则天金简侧视图

图一四　武则天金简边缘加工显微照片

银器绝大多数器物成型前必须经过锤揲工艺。锤揲加热工艺流程如下：将金块放在炉火上加热，金块变红后从炉火上取出，放在铁砧上锤打。当金块变成暗红色逐渐发硬时再放在炉火上加热，金块再变红后取出继续锤打，如此反复多次，直至将金块打成需要的形状、厚度为止。打一、二火时要轻，打到第三火后就可以使劲了。打的“火数”多了，金被打软打熟后，使劲打也不会导致金层开裂。

根据观察，金简使用的应是经验锤揲方式。经验锤揲主要是指依照经过设计的造型或图案，完全凭借工匠的经验来完成三维或二维器物造型。工匠通过控制力道来掌握器形的变化和走势，并保持器物各部分的薄厚均匀。用锤揲技术制作器皿或有较大凹凸起伏的纹样时，有时需要衬以软硬适度、有伸缩性的底衬[26]。底衬通常是用松香与滑

石粉混合，再勾兑植物油熬制而成的胶状衬垫物，其软硬程度需适合打制金器且具有韧性，以便在锤揲或錾刻的过程中起到很好的辅助作用。

金银器的錾刻工艺一般是在锤揲工艺之后的进一步加工，常用于锤揲成型的器物表面纹饰制作。与锤揲加工时直接击打金银不同，錾刻工艺是用锤子击打錾刀，錾刀在金银表面上形成线条和纹样的一种金属表面加工工艺。錾刻时，需将半成品金银固定于胶板上，一手执錾，一手拿锤，用锤子打錾子，边走边打，形成各种纹样图案。

錾刻方法有阳錾、阴錾、平錾、镂空、戗等多种形式，把金器原有的单一色调，通过錾刻工艺中的不同表现形式，创造出多层次的艺术效果。錾刻工具种类繁多，最常用的錾子有大小不等的勾錾、直口錾、鱼眼錾、双线

錾、发丝錾、半圆錾、方踩錾、半圆踩錾、鱼鳞錾、豆粒錾、沙地錾、尖錾、脱錾、戗錾等数十种。制作时，工匠往往根据花纹和加工的造型，选择合适的錾刀进行錾刻。

武则天金简正面錾刻双阴线构成文字，文字内、外为素地，錾刻刀口周围边缘呈弧形沿刀口下陷，錾刻方法为直口錾倾斜约45° 阴錾而成，由錾点构成文字，入錾口凹凸有序、明暗清晰、字体突出，錾刻线条转角衔接圆滑、连贯，显示出制作工匠丰富的錾刻经验和精细的加工（**图一五**）。正面字体工整、规则，应为按照“描地”文字线条錾刻而成。背面錾刻位置无穿透，依照錾刻变形程度来看，背衬应为硬质金属毡衬垫（**图一六**）。

武则天金简的錾刻方式，明显有别于贵州省博物馆所藏李隆基投龙铜简及陕西历史博物馆所藏何家村窖藏金银

图一五　武则天金简正面錾刻痕迹

图一六　武则天金简背面錾刻痕迹

器的刻字方式。李隆基投龙简与武则天金简同为长方形，素地无纹饰，正面楷书为錾刻而成。但武则天金简为金质，李隆基投龙简为铜质；武则天金简正面文字为直口錾多次錾刻组成文字，李隆基投龙简为“V”形錾錾刻笔画成字。何家村窖藏金银器上的文字大多为直接墨书上去，只有一件银制的狩猎纹高足杯在底部草草刻有“马舍”二字，錾刻字体相对随意，应未经“描红”以圆錾直接錾刻而成（**图一七**）。

錾刻花纹构成文字的工艺，可见于唐代金银器主纹饰“大花”的加工过程。如何家村出土的鎏金翼鹿凤鸟纹银盒，其錾刻手法及双阴线的使用与武则天金简上线条的使用非常相似。錾刻在素面金板表面，凹陷形成的空间组成线条，构成文字。这种工艺，赋予了文字“实”与“虚”

更深刻的内涵，使金简中文字与素地的“亮”与“暗”形成鲜明的对比，突出文字各个角度的反光，使文字看起来更加金光闪闪，将其工艺发挥到极致。

到了唐后期，法门寺出土的金银器中刻字较多，如智慧轮盝顶纯金宝函（**图一八**），但其上文字都是刻画上去的，与武则天金简上的刻字方式完全不同。鎏金卧龟莲花纹五足朵带银香炉、鎏金仰莲瓣圈足银水碗（**图一九**），其刻字方式与武则天金简刻字有相似之处，都是以錾刻的方式，錾刻成点，然后连成字体，但它们都是单线构成文字，并不是像武则天金简那样以双阴线的方式构成文字。

通过对比出土的有刻字的金银器物，目前尚未发现和武则天金简完全相同的刻字方式。因此，从刻字工艺上讲，武则天金简可以说是目前独一无二的。

研光是金银器完成的最后一道工序。一件加工过的金银器，经过锤揲、錾刻等多道工序，表面杂质氧化层、毛刺等缺陷会影响金银本身的光泽，只有通过玛瑙压子、皮毛、软木炭等工具进行碾压或摩擦，方能将金属的原有光泽展现出来。武则天金简正面布满细小微痕（**图二〇**），背面则较正面略少。可见，金简正面的研光材料或工艺与背面存在差异。

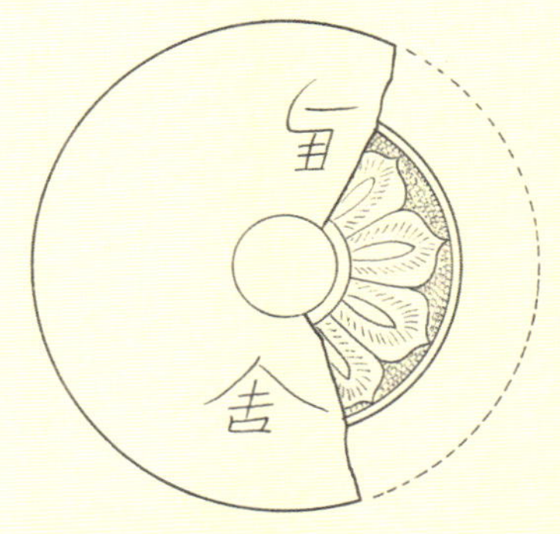

图一七　陕西西安何家村出土银质狩猎纹高足杯及底部錾文

图一八　陕西扶风法门寺出土智慧轮盝顶纯金宝函

图一九　陕西扶风法门寺出土镏金仰莲瓣圈足银水碗及外底錾文

图二〇　金简显微观察正面局部图

四、唐代金器的宗教等级色彩和管理制作机构

在中国古代，黄金一直被赋予浓厚的宗教和政治色彩。金是人类在自然界发现的最古老的金属元素之一，它拥有美丽的黄色光泽，化学性能非常稳定，耐腐蚀，不易被氧化，即使长期存在于空气和水中也没有什么变化。金的这种坚贞、不腐、不朽的特性为道教所重视和推崇。道家认为："祠灶则致物，致物而丹沙可化为黄金，黄金成以为饮食器则益寿，益寿而海中蓬莱仙者乃可见，见之以封禅则不死，黄帝是也。"（《史记·封禅书》）由于道教盛行，人们笃信金能使人延年益寿，长生不老。特别是魏晋以来，服食丹药之风兴盛，这样金就与服丹药、求长

生紧密结合在一起了。这种风气一直影响到唐代，太宗、玄宗俱服食丹药，故李德裕劝说唐敬宗李湛说：“臣又闻前代帝王，虽好方士，未有服其药者。故《汉书》称黄金可成，以为饮食器则益寿。又高宗朝刘道合、玄宗朝孙甑生，皆成黄金，二祖竟不敢服，岂不以宗庙社稷之重，不可轻易。”（《旧唐书·李德裕传》）可见在唐朝还一直认为服用黄金可延年益寿。

但金又是一种非常稀有的贵重金属，一吨金矿石往往只含有几克、十几克的金。正是由于金的稀有贵重，人们佩戴和使用金制的装饰品和器物，就成为身份与等级的标志、权力和财富的象征。在唐代，对于金器的使用有着严格的等级观念。《唐律疏议》卷二六“舍宅车服器物违令”条载：“一品以下，食器不得用纯金、纯

玉。”可见只有皇室和高官才有资格使用纯金的食器。在唐代文献记载中，往往是皇室贵族使用黄金制作的器皿。如《唐摭言》载：“王源中，文宗时为翰林承旨学士。暇日与诸昆季蹴鞠于太平里第，球子击起，误中源中之额，薄有所损。俄有急召。比至，上讶之，源中具以上闻。上曰：‘卿大雍睦！’遂赐酒两盘，每盘贮十金碗，每碗容一升许，宣令并碗赐之。源中饮之无余，略无醉态。”可知金碗多为皇室所用，仅偶尔以之赏赐大臣。唐王建《宫词》：“丛丛洗手绕金盆，旋拭红巾入殿门。众里遥抛新摘子，在前收得便承恩。”描写了宫女们见皇帝要来，纷纷围绕金盆洗手，以讨皇帝欢心的场面。皇宫后妃生育儿女，皇子出生后三天，要举行隆重的洗儿会，俗称“洗三”，宫廷中替婴儿洗身要用金盆，因此也有人将金盆称

作洗儿盆。《次柳氏见闻》：“代宗之诞三日，上幸东宫，赐之金盆，命以浴。”

唐代对于金矿的开采，主要分为官府开采和私人开采，这两种方式互为补充。但无论是官府开采还是私人开采，所产金除了作为赋税上缴中央政府，其余也大都由政府收购。这样唐政府通过不同方式，把全国生产的黄金大量集中到中央政府和皇室手中。黄金被开采后为了携带、保存方便，还要将其按一定的样式在模内浇铸或捶打而成铤、饼、板、锭等。

唐代金银器的制造部门分“行作”“官作”两类，“行作”即民间金银工匠制作。由于受获得黄金途径的制约，唐代早期以“官作”为主，金器的制作基本由中央政府和皇室垄断。唐早中期，即由中央政府管辖的少府监掌

冶署和少府监中尚署所属的金银作坊院负责金银器制作，唐晚期以后由直接隶属皇室的文思院负责。《新唐书·百官志》：“（掌冶署）掌范熔金银铜铁及涂饰琉璃玉作。”掌冶署制作器物采用“范熔”，故很可能主要是进行原料的粗加工和制作部分大型器物。金银作坊院是在唐代手工业十分明确的专业分工基础上新成立的独立部门，专业性极强，以制作精致小巧的器物为主[27]。

各地技艺高超的金匠，被官府强制性地征调到官府作坊制作金器。唐代还制定了教授、培养后备人才的制度。金银器制作是各种技艺中最复杂、难度最高的技术工种，所需要学习训练的时间是各种技艺中最长的，需要学习四年并通过严格考核后方能成为正式工匠。《唐六典》“少府监”条云：“凡教诸杂作，计某功之众寡与其难易

而均平之，功多而难者限四年、三年成，其次二年，最少四十日，作为等差而均其劳逸焉。注曰：凡教诸杂作工，业金、银、铜、铁、铸、锝凿、镂、错、镞所谓工夫者，限四年成……”《新唐书·百官志》“少府”条在记载唐代官府手工业工匠培养制度时称：“钿镂之工，教以四年……教作者传家技，四季以令丞试之，岁终以监试之，皆物勒工名。”

在官府作坊中，金匠技艺高超，原料充足，生产条件优越，产品不计成本，故制作出来的金器达到了一个相当高的水平。此外，唐代官府作坊的产品原则上不流入市场，除了供宫廷使用，其他贵族和官吏一般通过赏赐等途径获得。从武则天金简高超的刻字水平来看，应是出自官府作坊，即很可能是少府监中尚署所属的金银作坊院的杰作。

五、武则天金简的性质

“简”是古人的一种书写材料，又称“简牍”，主要用狭长的竹片或木片削制而成，盛行于战国秦汉时期，用于记录各类事项、记载法律条文、书写各类典章等。后来随着纸张的出现和东汉道教的兴起，简牍开始转而主要用于道教。简又称“札”“版”“谒”“刺”“券”等，其主要功能是作为道教向上天传递信息的一种载体。《无上黄箓大斋立成仪》卷二记载：“简各长一尺二寸，阔二寸四分。科曰：简者，记也，告也，论世之功，告盟上真，上下正方。天子以玉为之，玉有九德，礼天地之信也。……丹书国号年月、建斋之所及法师姓名，投于名山

大洞、灵泉龙穴及斋坛之中，告天、地、水三官，使著明斋事，奏于上境。”[28]非常明确地说明了简的主要功能是“记也，告也，论世之功，告盟上真”，其样式是“上下正方”，其使用方式是将其“投于名山大洞、灵泉龙穴及斋坛之中”，目的是“告天、地、水三官，使著明斋事，奏于上境”。将武则天金简和文献记载相对比，其功能、样式、使用方式、目的等基本吻合，因此学者们大多倾向于认为武则天金简属于道教投龙简的一种。

投龙，又称为投龙简、投龙璧，是封建帝王在举行黄箓大斋、金箓大斋等之后，为乞求天、地、水三官神灵护佑而举行的斋醮仪式中的一个环节。具体做法是把写有祈请者消罪愿望的简和玉璧、金龙、金钮等用青丝捆扎起来，根据投放地点的不同，分成三简，分别取名为山简、

土简、水简。山简封投于灵山之诸天洞府绝崖之中，奏告天官上元；土简埋于地里，以告地官中元；水简投于潭洞水府，以告水官下元。道教的投龙仪式源于先秦时期人们对天、地、水等神仙方术的信仰，三国时期已经基本形成（见前引《三国志·魏书·张鲁传》引《典略》），南北朝刘宋时期已趋成熟。刘宋时期陆静修的《太上洞玄灵宝授度仪》记载："用金龙、金钮各三枚，投山、水、土为学仙之信，拘人命籍，求乞不达，有违考属九都曹。"书中对于投简的规定为"次谒版刺版，并埋坛之当方。亦可投山洞渊泉中。勿令人得之。凡简长一尺二寸，阔二寸四分，厚三分"。其书还录有一篇银质投简告文样式，其云：

元始灵宝告九地土皇，灭罪言名，求仙上法。

灵宝赤帝先生（女云道士）某甲年若干岁，某月生。命系九天，南斗领籍（解曰：此文云赤帝者，是本命丙午；命系九天者，是正月二月生；南斗领籍，犹取本命之方。余效此）。愿神愿仙，长生度世，飞行上清。中皇九土，戊己黄神，土府五帝，乞削罪录，勒上太玄，请诣中宫。投简记名，金钮自信，金龙驿传。

太岁某子某月某子朔某日某子于某府州县乡里中告文。[29]

从此告文样式来看，它已经和武则天金简基本类似。到了唐代，由于道教的地位提高，这种祭天、地、水的投龙仪式变得十分流行和普遍，并走入宫廷，成为一种国家斋醮祭祀大典，可以说达到了鼎盛时期。国家举行这种告请三元的投简活动，其目的是祈求天、地、水神灵保护社

稷平安。杜光庭《天坛王屋山圣迹序》对投龙的作用概括为："国家保安宗社，金箓籍文，设罗天之醮，投金龙玉简于天下名山洞府。"[30]道教认为五岳皆有洞府，是投龙的最佳之处，所以规模最大的投龙仪式常在五岳举行。史籍、碑刻多有唐代帝王投龙的记载，以武则天、唐玄宗为最。

目前所发现的最早有类似投简性质的实物是战国晚期秦人用于求神去病的两件玉版[31]。玉版出土于华山，其铭文近三百字，篆书。讲的是一个名叫"骃"的秦国贵族因得病久治不愈，只好到华山祈求神仙释罪。玉版用墨玉制成，长条形，刻铭文字从右到左竖行排列，从其形制、功能看，与投龙简十分相似。它应是战国晚期秦人对神仙方术和巫术崇信的重要物证，也可以视作中国古代道教投简

制度的渊源[32]（图二一）。

此外，还出土有不少木质简，如1955年湖北武昌任家湾113号东吴墓出土的道士郑丑木简，共出三枚，长18.8—21.5厘米，宽约3.5厘米，其中一枚写有“道士郑丑再拜”[33]（图二二）。其与武则天金简的“小使臣胡超稽首再拜谨奏”形式类似。

在唐之前发现的实物简大都为木简，到了唐代开始出现金属制简。除武则天金简外，还有在清道光年间所发现的唐玄宗李隆基向南岳投放的铜简（图二三）。过去学者称其为“南岳投龙告文”“南岳告文”或“投紫盖仙洞告文铜简”。该简较早见著于清代陆增祥《八琼室金石补正》卷五六，汪研山《十二砚斋金石过眼录》亦收此简[34]。这件铜简长35.9厘米，宽12厘米，厚0.8厘米，周身无纹饰，现存贵

图二一　秦骃祷病玉版（之一）摹本　　图二二　湖北武昌任家湾吴墓木简摹本

大唐開元神武皇帝李隆基本命乙酉八月五日
降誕夙好道真願蒙神仙長生之法謹依上清靈
文投刺紫蓋仙洞位忝君臨不獲朝拜謹令道士
孫智涼賫信簡以聞惟金龍驛傳
太歲戊寅七月戊戌朔廿三日甲子告文

图二三　李隆基投龙铜简及拓片

州省博物馆。铜简两面共刻137字，其中正面刻86字：

大唐开元神武皇帝李隆基，本命乙酉，八月五日／降诞。夙好道真，愿蒙神仙长生之法。谨依上清灵／文，投刺紫盖仙洞。位忝君临，不获朝拜。谨令道士／孙智凉赍信简以闻，惟金龙驿传。

太岁戊寅六月戊戌朔廿七日甲子告文。

背面刻51字：

内使朝散大夫行内侍省掖庭局令上柱国／张奉国，本命甲午八月十八日生。道士涂处道／。判官王越宾，壬寅八月七日。傔人秦延恩。

这件铜简的长度与武则天金简基本相同，但比其略宽，同为素面，但正反刻字，纪年也用太岁纪年，同为道士投简。其文字格式与武则天金简相同，开篇报上自己的

名号，然后表白自己“夙好道真”，并书投简所祈事项、投简人，最后标注日期。

五代时期北方虽战乱不息，但由于偏安江南一隅的吴越国王实行保境安民、繁荣经济的国策，吴越国继续保持了唐代以来吴越地区经济文化的发展和繁荣，唐代皇帝的那种兴道之风和科仪制度也被全盘继承下来。正是基于这种特殊的社会历史背景，目前发现的实物投简主要为吴越国王所投银简，堪称历代帝王投简之大宗。

吴越自公元907年钱镠受封称王，至978年钱俶献地归宋，共有国七十二年，历经三代五王。在吴越国的五王中，因钱弘倧在位仅半年，故现在能看到的吴越王投简实物中没有钱弘倧的，其余四王的投简均有出土。钱镠、钱元瓘、钱弘佐、钱俶先后在杭州、绍兴、苏州等地水府山

洞中投送大量银简，特别是在吴越国都所在地杭州西湖发现最多。目前确切所知有 9 件，其中 7 件现藏浙江省博物馆[35]，分别是钱镠六十三岁投银简（**图二四**）、钱镠六十六岁投银简（**图二五**）、钱元瓘五十三岁投银简（**图二六**）、钱弘佐十五岁投银简、钱俶二十一岁投银简、钱俶二十三岁投银简、钱俶四十五岁投银简。还有 2 件藏于绍兴博物馆，即钱镠六十二岁投银简、钱镠七十七岁投银简。

目前，所见还有钱镠七十七岁投银简的拓本，和清人张燕昌撰《金石契》（乾隆四十三年写刻本）的描述十分类似："右钱肃王告太湖水府龙简，嘉庆壬戌冬，乍浦刘粹之淳以拓本见，贻云：顺治初出水，其质白金，重二十两，以今布帛尺度之，高五寸六分，广三寸七分，周刻一龙，上云下水，中刻正书……"其形制较常见的长条形银

简要短而宽，简板上出现龙纹和云水组合的图案[36]。此拓片不见实物，而且和以往所见银简形制不同。

目前所见出土的宋代实物简多为玉简。宋帝信奉道教，热衷修建宫观，章醮投龙，还命人编辑道藏。目前见诸报道的宋代帝王玉简有：宋真宗赵恒用玉简，现藏苏州博物馆[37]；宋英宗赵曙用玉简，现藏浙江省博物馆；宋哲宗赵煦用玉简[38]，现藏浙江省博物馆（**图二七**）；宋徽宗赵佶用玉简，现藏中国国家博物馆；宋神宗赵顼熙宁元年玉简，现藏济源博物馆（**图二八**）。

目前所见最晚的道教投龙用简实物，是武当山出土的明代湘王朱柏玉简。1981年，在湖北省武当山紫霄宫赐剑台下出土了一组较为完整的道教投龙活动遗物，除有玉简外，同时出土的还有一件金龙和一件玉璧。玉简为长方

形。正面刻铭文8行152字（出土时可见其上“朱柏”二字为朱书），背面镌刻道符一通[39]。此简现藏武当博物馆。

从上述发现的投简实物来看，从使用简的材质上说，在唐之前主要为木简，而唐、五代主要以金、银、铜等金属简为主，宋、明则多为玉简。

武则天金简是目前发现的唯一金简，但《嘉泰会稽志》载：“唐观察使元稹，以春分日投金简于阳明洞。”除此之外，亦有五代吴越王钱镠金简出土的记载。叶奕苞《金石录补》云：“钱镠常于林屋洞投金简，宋淳祐丁未大旱，山间人于水滨得之，长一尺五寸，阔六寸，上刻字曰天下兵马副元帅吴越钱王十一字。”这些金简虽然只是在文献中记载，但我们相信应该还有其他金简的投放。以金做简或者书于金简在道教是很神圣的事件。《太上黄箓

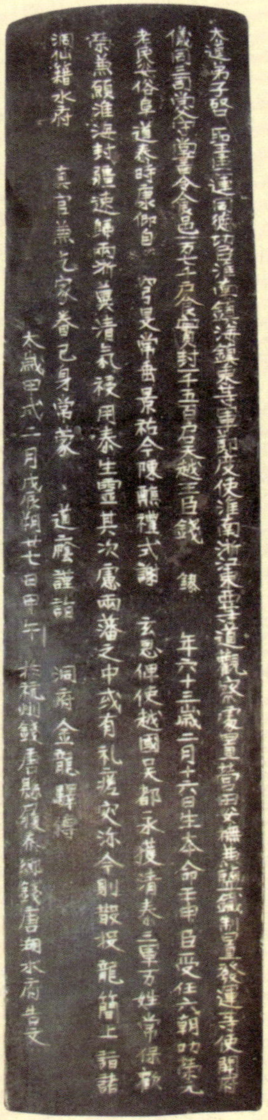

图二四　钱镠六十三岁投银简

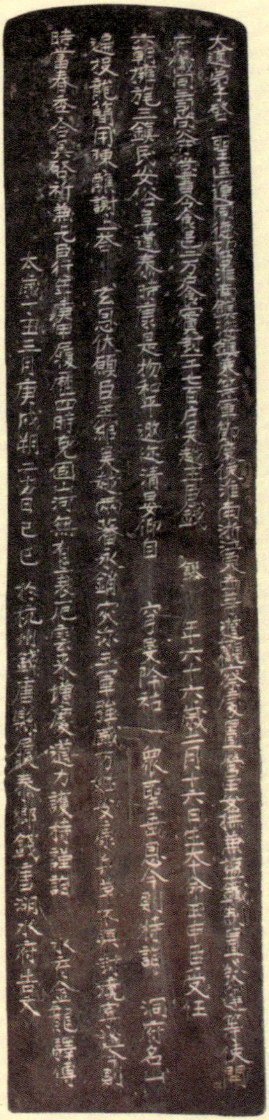

图二五　钱镠六十六岁投银简

图二七　宋哲宗赵煦用玉简

图二六　钱元瓘五十三岁投银简

图二八　宋神宗赵顼熙宁元年玉简

斋仪》卷五五认为金为“五金之最，坚刚不渝，天地所宝，通灵合神”，可见金在道教中代表着一种能够与天沟通的神秘的力量与坚定的约信。南宋金允中编《上清灵宝大法》卷四一云：“当用金纽九只，以副于简，三简用二十七纽也。金纽代歃血，青丝代割发，通盟达诚最为重也。”[40]在投龙仪式中以“金纽”代替歃血，是向上天表明自己的诚信。而一般所说金玉之玉被赋予“九德”，“国家以玉为之……可以为礼天地神祇之信”[41]，可知玉一般在投龙仪式中为国家所用。以此看来，像武则天金简这样一个帝王私人性质的投龙简，用金更为合适。

从形式上看，基本上可分两类：一类为长条形，素面无纹饰，与唐杜光庭编《太上黄箓斋仪》卷五五《投龙璧仪》所述基本一致，即“法长一尺二寸，象十二辰。广

二寸四分，法二十四真气。厚二分，法二仪。上下正方，法日之方景。正真通达，无所避让”[42]。武则天金简、唐玄宗铜简及宋、明玉简都属于这一类型。另一类简是钱镠七十七岁所投近方形的带纹饰的简，这种简较为特殊，其水纹与龙纹装饰在其他简中还没见到，需进一步研究。

从内容上看，投龙简从唐经五代至宋，简上文字逐步增多，内容也逐步制度化和程序化。唐代帝王投简祈求的内容单一，多为削减罪名、祈求长生。五代吴越国王投简所求繁多，从疆土安宁、风调雨顺，到家庭和谐、个人健康，事无巨细，不一而足。北宋帝王投简的内容复归于单纯，祷告目的明确，如增寿、保夏等，一事一祷，形成了成熟规范的科仪制度，并通过道书固定下来，成为北宋以降的范文[43]。

一般把道家所投简称为投龙简，这是因为道家仪式中，投简的同时，往往辅投以金龙，唐、五代以后常采取龙璧和龙简两者组合的投掷方式。在吴越王投简上常见有“散投龙简”“凭龙负简”“金龙驿传”等语。简是投龙的主要信物，记载告天的信息；金龙是“驿传”，负责传送简文。为什么选择“金龙”作为传递信息的“信使”呢？杜光庭编《太上黄箓斋仪》卷五五《投龙璧仪》中说：“龙者，乘云气，御阴阳，合则成体，散则成章，变化不测，入地升天，故三十六天极阳之境，可以驿传信命、通达玄灵者，其惟龙乎？是以上天以龙为驿骑，往来人间矣。”道教视龙为助人升仙上天之灵兽，以龙为驿骑，驰骋翱翔于天界、人间，这就是道教投简时需要同时投龙的原因。又“五金之最，坚刚不渝，天地所宝，通灵

合神，故以上金铸之，取法龙形”。对于金龙的尺寸和材质，“玉匮明真科云：修黄箓宝斋，当以上金三两铸三龙，龙各重一两（国家用上金，公侯大臣次金，士庶人银铜涂并可），副以玉简”[44]。可见道教认为只有金龙最适合做负简上天的信使。

目前所见金龙材料有：1975年陕西西安南郊操场出土的1件唐代鎏金铁芯铜龙[45]，现藏陕西历史博物馆。1970年，陕西西安何家村唐代窖藏出土12件金龙[46]，现藏陕西历史博物馆。1982年在江苏苏州西南太湖之中的西山岛林屋洞，出土8件金属制龙，其中金龙4件，鎏金铜龙2件，铜龙2件。同出玉简3件，但其中2件残，只有1件完整，即宋真宗天禧二年（1018年）玉简[47]，现藏苏州博物馆。2009年，浙江仙居括苍洞一处坎穴内出土1件金龙和2件玉简，但玉

简表面风化严重，没有文字保存，从出土器物判断其时代为北宋[48]。1955年杭州市建设局疏浚西湖工程处移交发现于杭州西湖的1件金龙和1件铜龙，现藏浙江省博物馆[49]。1981年，与湖北武当山紫霄宫发现的朱柏玉简同时出土的，还有1件金龙和1件玉璧[50]。

这些龙，时代基本明确，其中林屋洞、括苍洞、武当山所出金龙和简同时出土，可以判定为投龙仪式中所用金龙。何家村出土金龙与张说故宅出土鎏金铜龙其形体大小差别较大，虽都应是道教仪式中所用，但可能由于在道教不同仪式中使用，其样式、大小、重量均不相同。

武则天在投掷此金简之前，即大周王朝建立之初的几年内，曾非常频繁地派人到五岳等名山洞府进行投龙。从史料和石刻记载来看，天授二年（691年）二月十日，

武则天令金台观主中岳先生马元贞率弟子“往五岳四渎投龙作功德”；久视二年（701年）正月，派遣东都青元观主麻慈力“赍龙璧、御词、缯帛及香等物”，往泰山斋醮投龙；长安四年（704年）三月二十九日，令内供奉襄州神武县云表观主率弟子“自于名山大川投龙”[51]。这些活动或被刻石或被文献记载，但并没有记载投龙简的具体内容。相比来说武则天金简是目前所见最早的投龙简实物，也是唯一的金简，其形式和内容都与其他投龙简有所不同，且没有发现相配金龙实物，简文中也没有“金龙驿传”等字样。这也成为武则天金简的特别之处。这或许和武则天金简投掷的地点有关，在峻极峰登封坛这个沟通天地人神的“天门”之地投掷金简，可能不需要“金龙驿传”就能传达到上天那里。

六、选择嵩山投掷金简的背景

嵩山自古就有“外方”“崇高”“嵩高”之称，又被称为万山之祖，是一座横跨太古代、元古代、古生代、中生代和新生代的古老名山。其主体位于河南省登封市北，由两组群山构成，东为太室山（**图二九**），西为少室山，各有三十六峰，其中太室山的主峰为峻极峰。太室气势雄浑，少室风景秀丽，各具特色。刘熙在《释名》中说“山大而高曰嵩”，古有“嵩高维峻”和“峻极于天”之说，可见在古人的心目中嵩山的形象是非常高大的，是可以沟通上天神灵的一个特殊地点。西周时派周公测定天下之中，周公在这里立土圭测日影。《史记·封禅书》

图二九　太室山

载，“昔三代之君，皆在河洛之间，故嵩高为中岳，而四岳各如其方”。嵩山及其周围地区被视为天中地心，“古之王者，择天下之中而立国，择国之中而立宫”（《吕氏春秋·慎势》），以宣示自己的正统地位和“君权神授”

的不可侵犯。平王东迁以后开始称嵩山为中岳。秦始皇在嵩山上立“太室祠”祭祀岳神，汉武帝多次亲临礼祭，后世帝王臣民更是去嵩山寻仙访道，为嵩山增添了许多神秘色彩。而且随着考古发现的进一步深入，越来越多的证据表明，嵩山曾是中华古代文明的摇篮和重要的发祥地，在这里拥有很多上古时期的遗迹和传说。2010年7月，登封“天地之中”历史建筑群被正式列入《世界遗产名录》。

到唐代时，在嵩山上已留下许多关于道教的记载和传说。据《列仙传》记载，周灵王太子晋就是由道士浮丘生引上嵩山，然后飞升上天成神仙的。浮丘生又称“浮丘公”，据传为上古真人，一直在嵩山修道。汉元封元年（前110年）三月，汉武帝亲率群臣，登上嵩山之顶。当时随从官员竟听到山间有呼“万岁”之声，“问上，上

不言；问下，下不言”，汉武帝“于是以三百户封太室奉祠，命曰崇高邑”。《后汉书·方术列传》记载：“刘根者，颍川人也，隐居嵩山中。诸好事者自远而至，就根学道。”可见在汉朝时就有道士隐居山中，并有人不辞辛劳前来学道。西晋道士鲍靓曾于此山石室得古《三皇文》；北魏寇谦之曾从成公兴入此山学道，自称遇太上老君，要其清整道教；唐代茅山宗十一代宗师潘师正曾居山中逍遥谷修道二十余年，唐高宗和武则天均曾向其参访道要；唐道士李筌曾隐居于少室山，研究道教经典，相传于山中虎口岩得《黄帝阴符经》。

从这些记载和传说中，可知嵩山在中原地区道教史上地位之重要，而作为五岳之一的嵩山得到统治者对其地位的认可，早在秦朝时就已开始。“岳”在春秋前是掌

管大山的官吏职称，尧时分掌四方外事的部落首领就叫“岳”。后来把主管方岳的官吏与岳官驻地的大山名称统一起来，便出现了代表五方大山的“五岳”。秦始皇曾在嵩山上立祠祭祀嵩山。汉武帝时，曾多次来到嵩山祭祀，并命令祠官大规模增建祭祀中岳山神的太室祠。汉宣帝神爵元年（前61年）颁布诏书，正式确定嵩山为中岳，要求历代祭祀。这也标志着对嵩山的祭祀开始制度化。其后历代对嵩山祭祀一直不绝，直到武则天嵩山封禅，对嵩山的祭祀也随之达到了顶峰。

因此，武则天选择在嵩山投掷金简并不是偶然的。她在登基之前就曾劝高宗封嵩山，并随高宗数次巡幸嵩山。天册万岁二年（696年），她一改过去帝王在东岳泰山封禅的传统，在嵩山举行了封禅大典。封禅活动主要是通过

封禅昭告天下，通达上苍，彰显帝王统治的功绩。封禅是一种十分庄严、神圣的活动，古代帝王对于封禅十分慎重，只有在认为自己的功绩足够大时才大兴封禅之事。文献记载最早举行封禅的帝王是秦始皇，但古代帝王封禅多是在泰山，在嵩山封禅的只有武则天。武则天是一个有政治抱负的政治家，她一生中在许多方面进行了突破式的改革，在封禅方面同样如此。早在麟德年间唐高宗封禅泰山时，时为皇后的武则天就上表提出：“封禅旧仪，祭皇地祇，太后昭配，而令公卿行事，礼有未安，至日，妾请帅内外命妇奠献。”大意是说，祭皇地祇时由公卿大臣执行祭祀之事，不符合礼法，武则天请求由自己率领宫廷内外有封号的妇女来奠献祭品。高宗应允，封禅泰山时“禅社首以皇后为亚献，越国太妃燕氏为终献”（《资治通鉴》

卷二〇一）。仪凤元年（676年）二月，“天后劝上封中岳”（《资治通鉴》卷二〇二），但终因高宗病逝而未能如愿。公元690年，武则天以周代唐，定都洛阳，改元“天授”。天授二年（691年）和证圣元年（695年），众臣先后两次上书请求封禅中岳，为她正式封禅进行铺垫。作为武则天到嵩山封禅的前奏，武则天先对嵩山进行了一系列的封赐。垂拱四年（688年），武则天“改嵩山为神岳，授太师、使持节、神岳大都督、天中王”（《旧唐书·礼仪志四》）。称帝后，又于证圣元年“下制，号嵩山为神岳，尊嵩山神为天中王，夫人为灵妃。嵩山旧有夏启及启母、少室阿姨神庙，咸令预祈祭”（《旧唐书·礼仪志三》）。这次正式将嵩山改称神岳，不仅封嵩山的岳神为天中王，又给它配了一位夫人“灵妃”，还下令对嵩

山原有的夏启、启母和少室阿姨等神庙一并祭祀。

天册万岁二年（696年）腊月甲戌（初一），七十三岁的武则天一改过去东岳泰山封禅的传统，从神都洛阳出发前往中岳嵩山封禅。对于武则天封禅，史书记载十分简略，只是提到其封禅，但对具体过程未予记载。幸而《全唐文》中收录的李峤《大周降禅碑》记载了封禅时的盛况，这是迄今为止我们能够见到的最直接、最详尽的文字记载。武则天封禅有以下仪式：

第一项，进行斋戒仪式。参加封禅的人员到位后，布置好祭祀场所。武则天则入斋宫沐浴斋戒，表达对天地神祇的虔诚。

第二项，在嵩山之南举行柴燎仪式，祭祀昊天上帝。

第三项，举行最为隆重的祭天仪式。祭天后，武则天

把写好的玉册用金绳或银绳连接，再用金泥封好，埋在登封坛下。武则天到底在玉册上写了什么，我们不得而知。不过后来唐玄宗封禅泰山时，曾公布了自己所写玉册的内容。封禅前，玄宗问礼官学士贺知章等人，前代帝王为何对玉牒之文秘不示人？贺知章回答说："玉牒本是通于神明之意。前代帝王所求各异，或祷年算，或思神仙，其事微密，是故莫知之。"玄宗说："朕今此行，皆为苍生祈福，更无秘请，宜将玉牒出示百僚。"[52]可知武则天所写玉册的内容，也无外乎是对"昊天上帝"表达自己的某些愿望。

第四项，举行祀地仪式，祭土于少室山南。

第五项，是最后的朝觐仪式。武则天登朝觐坛，接受百官及诸国使者朝贺，至此封禅结束。随后武则天返回神

都洛阳，拜谒太庙。

至今嵩山上仍然保留有武则天封禅时的遗迹，主要有当时封禅祭祀所建三坛和坛旁所树碑刻。

登封坛设在嵩山太室之巅峻极峰上，是武则天祭天之所在。早在高宗时期，就准备封禅嵩山，并且下诏有司进行准备。当时对建坛已有具体的定制，但后来高宗由于身体的原因而未能如愿。到武则天完成封禅大典时，距高宗当初准备封禅嵩山已经有13年了。2003年，嵩山风景名胜区管理委员会开工改建登嵩山的步道。在嵩顶施工时，发现有明显的堆土痕迹，而且并非自然山体，当时认为有可能是登封坛遗坛，就立即停止了大规模开挖。后来确认这里就是登封坛遗址[53]。明代傅梅在《嵩书》中称登封坛为封禅坛，说：“封禅坛在太室中峰。唐武后万岁通天元年

封于神岳，改元万岁登封时建。元和四年三月，韩退之与李渤、卢仝上太室中峰，宿封禅坛下石室。”可知在唐代时坛下有石室等建筑。

武则天在登封坛旁树有两座石碑，一是“大周升中述志碑”，一是“大周降禅碑”。“大周升中述志碑”为武则天撰文，睿宗书，碑背面为钟绍京书。《新唐书》记载：“封坛南有大槲，赦日置鸡其杪，赐号‘金鸡树’。自制《升中述志》，刻石示后。”后来这座碑在北宋时被破坏。《金石录》卷二五：“周武后升中述志碑，武后自撰，睿宗书。碑极壮伟，立于嵩山之巅。其阴钟绍京书，字画皆工妙。政和中，河南尹上言，请碎其碑，诏从之。”“大周降禅碑”为李峤撰文，今碑已无存。《全唐文》卷二四八录有碑文。

封祀坛又称为“降禅坛”（图三〇），是武则天禅地之所在。清乾隆丁未年（1787年）洪亮吉纂《登封县志》卷八记载：“降禅坛于小山上，八隅一成八陛，如方邱，三壝，上饰以黄，四方如其色，余皆如登封。”坛现存登封市万羊岗上，为高约5米的一个圆形土台，下呈方形，已受风雨严重侵蚀。其旁树“大周封祀坛碑”，北宋赵明诚《金石录》卷四记载：“周封祀坛碑，武三思撰，薛曜正书。”碑现存封祀坛南约20米处，碑体完整。该碑在民国时被推倒，正面向下，下部没入土中，今外露部分高2.4米，宽1.6米。

朝觐坛是武则天祭天禅地告成后，受朝廷百官与外国使节朝贺之所在，该坛在今嵩阳书院之前。而朝觐坛碑乃武则天为记朝觐之事而建，碑当在朝觐坛前。今坛、碑

图三〇　大周封祀坛遗址及大周封祀坛碑碑座、碑身

早已无存。《说嵩》卷一四记载："武后见崔融启母庙碑文，嘉之，命作《朝觐坛记》，诏刻碑。今碑不存，而文亦无传，惜矣！"

武则天的封禅，等于是她将自己的事业向昊天上帝作

了汇报，并且得到天帝认可，表示她所做的一切均属天命所归。为纪念这桩大事的完成，她下旨大赦天下，将年号改为“万岁登封”，将嵩阳县改为登封县，将阳城县改为告成县，以示其封禅告成和夙愿大功告成。至今登封市和告成镇仍沿用着一千多年前武则天御赐的这两个地名。又因为封禅日为嵩岳神所佑，万岁通天元年（696年），武则天又尊神岳天中王为神岳天中皇帝，灵妃为神岳天中皇后。自此，中岳神正式成为神帝而被后世崇拜。

除了有深厚的历史文化背景，嵩山还拥有独特的地理位置。首先，嵩山离洛阳很近。武则天在“武周革命”后把洛阳定为神都，并长期居住在那里。洛阳由于水陆交通便利，物产丰富，成为唐代政治、经济和文化中心，是举世闻名的大都会，在当时具有举足轻重的地位。早在隋

炀帝时期，就开始营造东都洛阳。隋开皇三年（583年）隋文帝定都大兴（今陕西西安），虽然地处沃野千里、物产丰富的关中平原，但地狭人稠，所产物资远远满足不了隋王朝的需要，一遇灾荒，粮食就成为最大的问题。开皇四年和十四年，隋文帝曾两次率百官就食洛阳。而唐高宗晚年就常年居住在洛阳处理政务，到了武则天时期就干脆直接定都洛阳。武则天营建神都，最为有名的就是在洛阳修建上阳宫、明堂和铸造天枢等。上阳宫南临洛水，西拒谷水，是唐代洛阳宫殿建筑中最壮丽的建筑。《唐会要》卷一一《明堂制度》载，垂拱三年（687年）武则天命薛怀义主持建造明堂，“凡高二百九十四尺，东西南北各广三百尺。凡有三层，下层象四时，各随方色；中层法十二辰，圆盖，盖上盘九龙捧之；上层法二十四气，亦

圆盖。亭中有巨木十围，上下通贯……号万象神宫”（**图三一**）。又在明堂北造天堂（**图三二**），高五级，以贮大佛像，到第三级则可俯视明堂。明堂的建造极尽雄伟和奢华。明堂造好后，武则天为了使武氏和李氏和睦相处，永不争斗，圣历二年（699年）七月，“命太子、相王、太平公主与武攸暨等为誓文，告天地于明堂，铭之铁券，藏于史馆”（《资治通鉴》卷二〇六）。这就是历史上有名的“明堂盟誓”。1986年，中国社会科学院考古研究所洛阳唐城队对武则天明堂进行了考古发掘，发现的明堂基址在方位、形制和建筑特点等上均与相关文献记载相符。延载元年（694年）八月，应四夷酋长的请求，武则天在洛阳用铜铁铸天枢立于端门之外，“高一百五尺，径十二尺，八面，各径五尺。下为铁山，周百七十尺，以铜为蟠

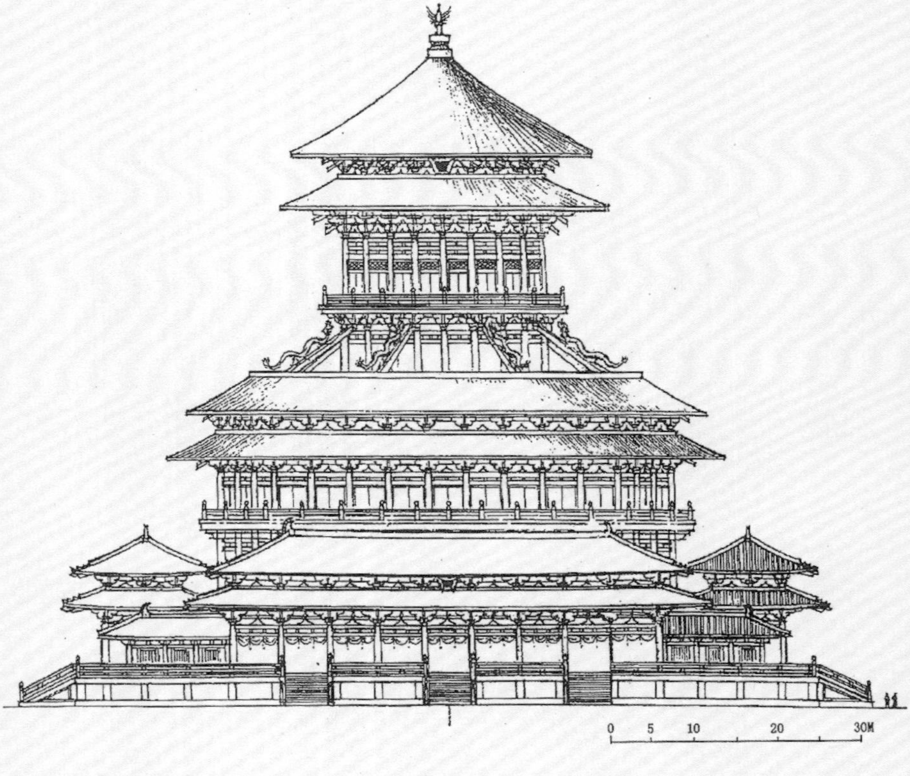

图三一　明堂遗址复原南立面图

图三二　天堂中心柱遗迹

龙麒麟萦绕之；上为腾云承露盘，径三丈，四龙人立捧火珠，高一丈……太后自书其榜曰‘大周万国颂德天枢’”（《资治通鉴》卷二〇五）。又铸九鼎，放在通天宫。从这些宏伟的建筑和特殊的设置来看，武则天时期神都洛阳达到了历史上的高峰。

其次，古人认为中岳嵩山正好位于天下之中。相传周公营建东都，定鼎洛阳时，曾在阳城以土圭测日影，考定

古阳城为大地中心。而嵩山正好坐落境中，于是被称为中岳。其地理位置十分优越，“嵩维中岳，洛阳下都，三台崛起，五衢相映，风雨交会，实惟天地之中”[54]。它“峻极于天”，是“风雷所起”“霜露所均”之地，故而能“设险于畿甸”“坐镇于邦国”[55]。它“仰通上帝之境，俯枕中枢之甸”[56]，不但有利于与上天交流，而且有利于与地相接，是举行封禅大典、祭天告成、寻求福佑的理想场所[57]。因此，武则天对嵩山的偏爱和其得天独厚的地理位置，使嵩山自然而然地成为投掷金简的首选地点。

“登封告成”三年后即圣历二年（699年）二月，武则天再次来到嵩山，返回途中路过缑氏，拜谒了纪念周灵王太子晋驾鹤升仙的“升仙太子庙”，亲自撰写升仙太子

碑碑文。此碑至今保留在洛阳偃师市府店缑山上，碑通高6.70米，宽1.55米，厚0.55米，盘龙首，龟趺。碑额有“升仙太子之碑”六字，为武则天亲书之鸟书飞白体，书艺高妙，较为少见。碑文34行，行66字，亦为武则天亲笔书写。碑文行书和草书相间，接近章草书体，运笔流畅，意态豪纵，文中并有武则天新创之字。该碑碑阴刻文分为三截：上为武则天的杂言诗《游仙篇》及诸臣题名，为薛曜所书；中为钟绍京等人衔名和神龙二年（706年）题记及衔名，为薛稷和钟绍京所书；下为相王李旦的题记及从臣题名等（**图三三**）。

次年正月，武则天的侄子武三思在嵩山的石淙河边建立三阳宫，作为她在嵩山巡幸、休闲、避暑的行宫。据唐史记载，武则天及太子、太平公主等都屡次入宫避暑，并

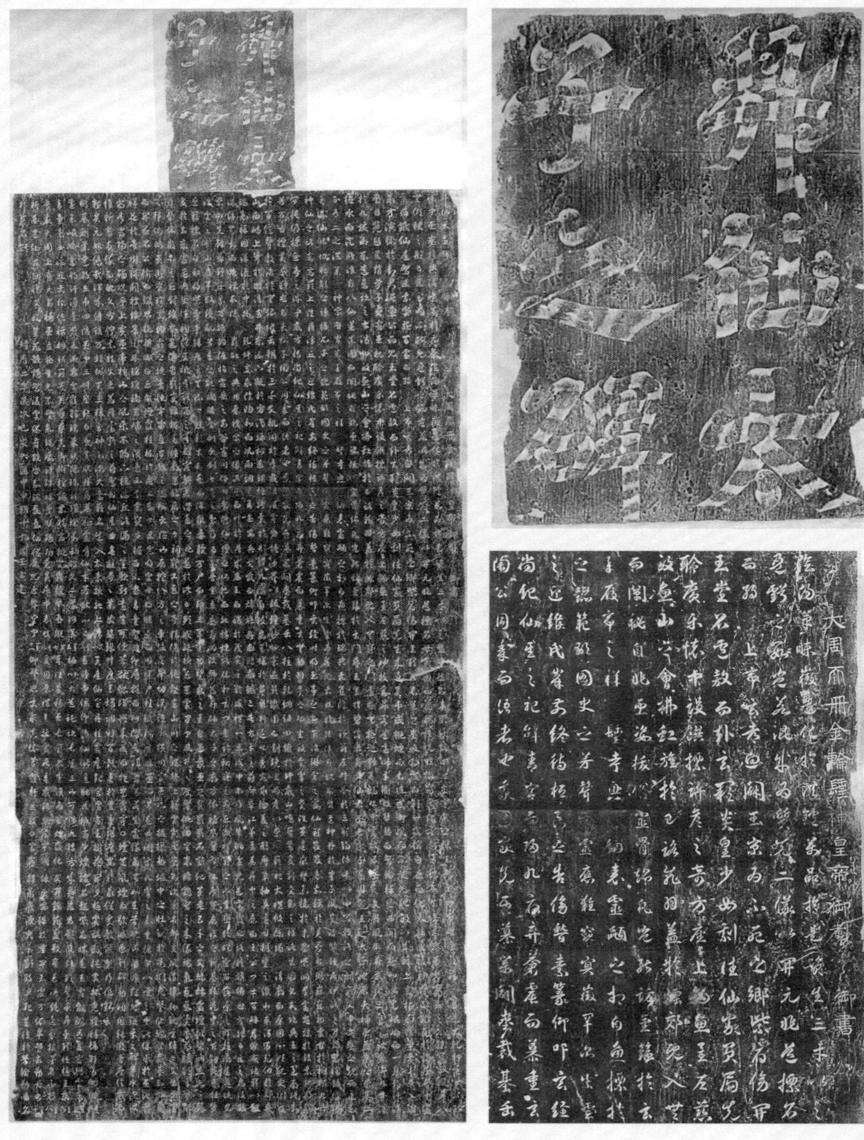

图三三　升仙太子碑及碑额拓片

在宫中设宴款待重臣，有时数月始还京都。晚年的武则天经常来到嵩山，或祭祀，或求神拜佛，或商议军国大事，或休闲游览等，至今在嵩山还遗留有大量与武则天有关的遗迹和传说。四月，武则天即巡幸三阳宫。五月，武则天在三阳宫生了一场病，她吃了道士胡超所献丹药后，病情大减，心情舒畅，于是就在五月十九日率皇太子李显、相王李旦、梁王武三思、张易之、张昌宗，以及狄仁杰、姚元崇、李峤、苏味道等，君臣十七人到不远处的石淙河游赏，并设宴于一巨石之上，饮酒赋诗，周围仕女起舞，鼓乐相助。这就是历史上有名的“石淙会饮”。石淙河地处嵩山南麓，其中玉女台下的平乐涧，两崖石壁险峻如削，壁上多洞穴，水击石响，淙淙有声，故名“石淙”（图三四）。

武则天所作诗为："三山十洞光玄箓，玉峤金峦镇紫微。均露均霜标胜壤，交风交雨列皇畿。万仞高岩藏日色，千寻幽涧浴云衣。且驻欢筵赏仁智，雕鞍薄晚杂尘飞。"[58]王公群臣也相继作诗，共十六首。武则天的诗虽是描写嵩山风光，但字里行间透露出对长生升仙的渴望与对道家的推崇。其群臣所作十六首诗，也是迎合武则天的心意。武则天将这些出身不同、政见不一的权贵聚集在一起，宴饮赋诗，抒发求仙慕道之心意，歌咏武周王朝国泰民安。

诗作成之后，武则天命薛曜书丹，让工匠将君臣所赋诗句刻在北面临水的岩壁上，人称此岩为"摩崖碑"（**图三五**）。摩崖碑依崖就势，削面磨平。碑高3.65米，宽2.4米，为避风雨侵袭，阳光曝晒，当年曾凿洞穿木搭棚，至

今岩上留有整齐的洞眼。碑上文字分为三层，上层题武则天的诗序和诗。第二、三层为王公群臣所作七言律诗。

如今，人物已随岁月的流逝灰飞烟灭，而岩壁上的诗句历经千年依然默默地见证着往昔的繁华与荣耀。也就是在“石淙会饮”后不久的七月七日，武则天仍在三阳宫时，命道士胡超在峻极峰投下了这枚金简。长安元年（701年），武则天患疾于三阳宫。后张说屡次上疏说三阳宫在嵩山之中，离洛阳较远，交通不便，来往劳民伤财，“道坏山险，不通转运，河广无梁，咫尺千里，扈从兵马，日费资给，连雨弥旬，即难周济”[59]。武则天接受张说讽谏，命武三思毁三阳宫，将其材移往万安山建兴太宫。

图三四　武则天“石淙会饮”处

图三五　石淙河摩崖碑

七、金简上的造字和武则天的道教信仰

金简的铭文中有五个异体字，都是武则天所造字，分别是：曌、圀（国）、匨（月）、㘧（日）、恵（臣）。据《资治通鉴》卷二〇四记载，“凤阁侍郎河东宗秦客，改造‘天’‘地’等十二字以献，丁亥，行之”。武则天所造新字数目，历来众说纷纭，文献中有8字、12字、14字、16字、18字、19字诸说。将文献与石刻结合在一起，能相互印证的武则天所造新字只有15个：天、地、日、月、星、国、臣、人、年、正、载、初、授、证、圣。金简上“曌”字的出现，使得目前文献与考古相互印证的武则天自造新字的数量增加到16个。这些自造文字基本是在

原有文字基础上加以改造而成的。所造文字一是武则天年号，如：载初、天授、证圣；二是公文、书信、文章中的常用字，如：年、月、日、星、天、地、人、臣、君、国；三是她自己的名字“曌”。这些字体现了武则天的统治思想。如：“曌”字为日月当空，光照万物。“国”字，《正字通》载：“有言‘國（国）’中‘或’者，惑也，请以‘武’镇之。”但改后像武氏被困，于是又改成“圀”，意为国家统御八方，八方之民悉为掌握。“恵（臣）”字为“一中心”，表示人臣要对君主一心，对万民一心。现代很多学者也都认为，武则天本人喜欢标新立异，又相信祥瑞之说，她认为文字有神秘的力量和特别的功能，便以造字来宣扬她的治国方略，传达她对于国家、人臣、天地的思想，树立她作为人君崇高的地位。而她所

造的一些字很可能是根据道教中的符咒创作的。武则天所造新字由于背离了中国传统的汉字成字原则，在她死后就被抛弃，成为死字。这些新造字，成为今天我们判断武则天时期的碑刻或遗留下来的资料的一个重要依据。

到了唐朝，道教地位不断上升，并处在佛教之上。隋末，在各方起义军蜂起之时，道士们就为李渊屡造“杨氏将灭，李氏将兴”“将有老君子孙治世”之类的谶语。唐王朝夺取天下后，当时的门阀士族势力依然强大，李唐家世并非望族，很难得到社会的认可和尊重。为了提高自己的门第出身，唐朝统治者便利用道教始祖李聃和皇室都姓李的巧合，附会自己是李聃的后代，奉天命而坐天下。李渊和李世民等由此而大肆提高道教的地位。武德八年（625年），唐高祖李渊下诏宣布三教中道教列第

一，儒教列第二，佛教排第三。贞观十一年（637年），唐太宗李世民再次宣布尊奉道教。唐高宗李治时，他“谒老君庙，上尊号曰太上玄元皇帝”，并在各地修建玄元皇帝庙，设崇玄馆，制定道举制度。至玄宗李隆基时，更于五岳置真君祠，在长安、洛阳诸州建玄元庙，还亲自“享玄元皇帝于新庙”，又以《道德经》为群经之首，亲为注解，在崇玄馆设立玄学博士，诸州置玄学生。至此，道教在唐代达到了全盛时期。玄宗以后历代唐皇帝也大都承先帝遗风，尊崇道教。

而武则天的宗教信仰问题，历来为学术界所关注。以前传统观点多认为武则天佞佛抑道，称帝前就曾在洛阳龙门捐助脂粉钱两万贯，修造大奉先寺石窟。“武周革命”后，更是有意提高佛教地位，贬低道教，如宣布取消老子

“太上玄元皇帝”的尊号，在全国普建寺院庙塔，使僧尼地位处在道士之上，推广、普及佛教经文，大力开展佛经的翻译工作等。但随着对武则天研究的深入，越来越多的学者提出了不同的看法，认为武则天对宗教采取的政策主要是为其政治目的服务。武则天以一介女子改制称帝，在那个男尊女卑的社会里，可谓是旷古未有的壮举，必然遭到李唐王朝和旧士族势力的极力反对。面对这些反对声音和复杂形势，她果断采取措施，不仅在政治、军事上打击政敌，扫除障碍，还尽力在思想和舆论上争取支持。当时的三教之中，李家王朝自称是道家始祖老子的后裔，道家是李家王朝的官方信仰，被李唐王朝所利用；儒家又强调男尊女卑，视“牝鸡司晨”为祸水；可佛教却没有这些禁忌，而且作为外来宗教，又急需政治上的扶持和庇佑。所

以武则天选择了佛教为其服务，提高佛教的地位。到了晚年，她考虑到还政于李唐王朝时，道教地位又逐渐被提高也是情理之中的事情。

除这些政治目的外，武则天内心更为信仰佛教还是道教呢？很多证据显示武则天虽然在政策上使道教处在佛教之下，但其本人并不是完全抑道，而是对道教有着相当的信仰。早在高宗上元元年（674年），武则天就“上意见十二条，请王公百僚皆习《老子》”（《旧唐书·高宗本纪》）。次年，她又令人为亡子李弘抄写《一切道经》三十六部，凡七万卷之多，为其追冥福。对长子这样，对其他爱子同样选择道教为他们祈福，据《唐会要》卷五〇载，孝敬、英王升储，武则天分别为其子立东明观和宏道观。不仅如此，还让她最为宠爱的女儿太平公主入

观为道士，以祈福禳灾。《新唐书·诸帝公主传》曰：“太平公主，则天皇后所生，后爱之倾诸女。荣国夫人（按：武则天母）死，后丐主为道士，以幸冥福。”晚年的武则天，特别是随着身体健康情形的每况愈下，她追求长生升仙、祈福延寿的动机也愈来愈强烈，而道家禳灾求福、长生不老、飞升成仙等特色正好符合她的心意。她晚年非常推崇道教神仙王子晋，为王子晋立庙，手书升仙太子碑碑文，缮治宫观，以备祭祷；命张昌宗、张易之兄弟二人“被羽衣，吹箫，乘木鹤，奏乐于庭，如子晋乘空”（《旧唐书·则天皇后本纪》）；晚年的作品《游仙诗》及《赠胡天师》等诗篇，都是抒发其求仙之意；改东都为神都、建迎仙宫，也表明了她对道教的迷恋；在其所

造新字中，以“千千万万（𡕀）”为“年”，“永主久王（𨲦）”为“证”；所做几次改元中，“天册万岁”“万岁登封”“万岁通天”“久视”（依据《道德经》中“长生久视”），无不流露出对长生的向往。而且从现存的泰山道教石刻上看，特别是在她登基之后，曾多次派人到泰山行道投龙。据统计，她曾九次派遣道士赴泰山行道，是唐代奉祀泰山最勤的统治者。她不仅利用泰山行道为自己的政治目的服务，还利用泰山行道来祈求长生不老[60]。特别是这枚武则天金简的发现，更加证明了武则天对道教的态度。在金简镌刻的63字中，武则天先后两次自称“武曌”，并称“好乐真道长生神仙”，以非常谦恭的姿态乞三官九府除其罪名。这不仅是武则天信仰道教的有力证据，也使我们对这位一代女皇的内心世界有了新的认识。

注释：

[1] 李振中、王雪宝：《武则天金简发现始末》，收入王文超、赵文润主编：《武则天与嵩山》，第 162—164 页，中华书局，2003 年。

[2][3] 梅莉：《玉皇崇拜论》，《湖北大学学报》（哲学社会科学版）2011 年第 5 期。

[4][5][12][21]《道藏》第 11 册，第 178—179、173、183、173、190 页，文物出版社、上海书店、天津古籍出版社，1988 年。

[6]《道藏》第 20 册，第 475 页，文物出版社、上海书店、天津古籍出版社，1988 年。

[7]〔清〕董浩等：《全唐文》卷九六，第 998 页，中华书局，1983 年。

[8] 李叔还：《道教大辞典》，第 9 页，台北巨流图书公司，1979 年。

[9]《历世真仙体道通鉴》，《道藏》第 5 册，第 265 页，文物出版社、上海书店、天津古籍出版社，1988 年。

[10]《道藏》第 25 册，第 136 页，文物出版社、上海书店、天津古籍出版社，1988 年。

[11]《道藏》第 24 册，第 780 页，文物出版社、上海书店、天津古籍出版社，1988 年。

[13]《道藏》第 18 册，第 25 页，文物出版社、上海书店、天津古籍出版社，1988 年。

[14]《道藏》第 4 册，第 771 页，文物出版社、上海书店、天津古籍出版社，1988 年。

[15] 李远国：《道教神霄派渊源略考》，《宗教学研究》2001 年第 1 期。

[16]〔清〕董浩等：《全唐文》卷三四〇，第 3444 页，中华书局，1983 年。

[17] 张勋燎、白彬：《中国道教考古》第 1 册，第 274 页，线装书局，2006 年。

[18]《道藏》第 6 册，第 361 页，文物出版社、上海书店、天津古籍出版社，1988 年。

[19]《道藏》第 28 册，第 446 页，文物出版社、上海书店、天津古籍出版社，1988 年。

[20] 黄河水库考古工作队：《陕县刘家渠汉墓》，《考古学报》1965 年第 1 期。

[22] 申秦雁：《唐代金开元及其用途考》，《考古与文物》2001 年第 3 期。

[23] 杨军昌、张静、姜捷：《法门寺地宫出土唐代捻金线的制作工艺》，《考古》2013 年第 2 期。

[24][25] 吴海涛、周双林：《青海都兰吐蕃唐墓包金银饰的科学分析》，《文物保护与考古科学》2014 年第 26 卷第 2 期。

[26] 齐东方:《中国早期金银工艺初论》,《文物季刊》1998 年第 2 期。

[27] 齐东方：《唐代金银器研究》，第 305、278 页，中国社会科学出版社，1999 年。

[28][29][41][42][44]《道藏》第 9 册，第 382、857、361、361、361 页，文物出版社、上海书店、天津古籍出版社，1988 年。

[30]〔清〕董浩等：《全唐文》卷九三一，第 9703 页，中华书局，1983 年。

[31] 李零：《入山与出塞》，《文物》2000 年第 2 期。

[32][36] 赵幼强：《唐五代吴越国帝王投简制度考》，《东南文化》2002 年第 1 期。

[33] 武汉市文物管理委员会:《武昌任家湾六朝初期墓葬清理简报》，《文物参考资料》1955 年第 12 期。

[34][39] 王育成：《考古所见道教简牍考述》，《考古学报》2003 年第 4 期。

[35] 黎毓馨主编:《吴越胜览——唐宋之间的东南乐国》，中国书店，2011 年。

[37] 程义、姚晨辰、严建蔚：《苏州林屋洞出土道教遗物》，《东南文化》2010 年第 1 期。

[38][43][49] 王宣艳：《浙江省博物馆藏北宋帝王金龙玉简考释——兼谈北宋时期帝王投龙简》，《收藏家》2014 年第 7 期。

[40]《道藏》第 31 册，第 627 页，文物出版社、上海书店、天津古籍出版社，1988 年。

[45] 申秦雁：《陕西历史博物馆珍藏：金银器》，陕西人民美术出版社，2003 年。

[46] 申秦雁:《重见天日的遗宝》,收入陕西历史博物馆等编著:《花舞大唐春:何家村遗宝精粹》,文物出版社,2003 年。

[47] 程义:《宋真宗天禧二年林屋洞道教投龙遗物简介》,《中国道教》2010 年第 1 期。

[48] 张峋:《括苍洞文物遗迹考论》,《东方博物》第 42 辑。

[50] 张全晓:《武当山明代"投龙"法器》,《中国宗教》2009 年第 5 期。

[51]〔清〕王昶著:《金石萃编》卷五三,北京市中国书店,1985 年。

[52]〔北宋〕王溥:《唐会要》卷八,第 114 页,中华书局,1955 年。

[53] 常松木、秦福志:《大周登封坛考》,收入王双怀、郭绍林主编:《武则天与神都洛阳》,第 288 页,中国文史出版社,2008 年。

[54]〔唐〕崔融:《贺封禅表》,收入〔清〕董浩等:《全唐文》卷二一七,第 2196 页,中华书局,1983 年。

[55]〔唐〕崔融:《为朝集使于思言等请封中岳表》,收入〔清〕董浩等:《全唐文》卷二一七,第 2195 页,中华书局,1983 年。

[56]〔唐〕武三思:《大周封祀坛碑(并序)》,收入〔清〕董浩等:

《全唐文》卷二三九，第 2415 页，中华书局，1983 年。

[57] 唐明贵：《武则天封禅嵩山论略》，《山东科技大学学报》（社会科学版）2004 年第 6 卷第 3 期。

[58] 北京图书馆金石组：《北京图书馆藏中国历代石刻拓本汇编》第 19 册，第 2 页，中州古籍出版社，1989 年。

[59]〔唐〕张说：《谏避暑三阳宫疏》，收入〔清〕董浩等：《全唐文》卷二二三，第 2256 页，中华书局，1983 年。

[60] 王永平：《从泰山道教石刻看武则天的宗教信仰》，《东岳论丛》2007 年第 28 卷第 3 期。

ISBN 978-7-5347-8899-4
9 787534 788994 >
定价：55.00 元